Karl Ebbinghaus gewidmet

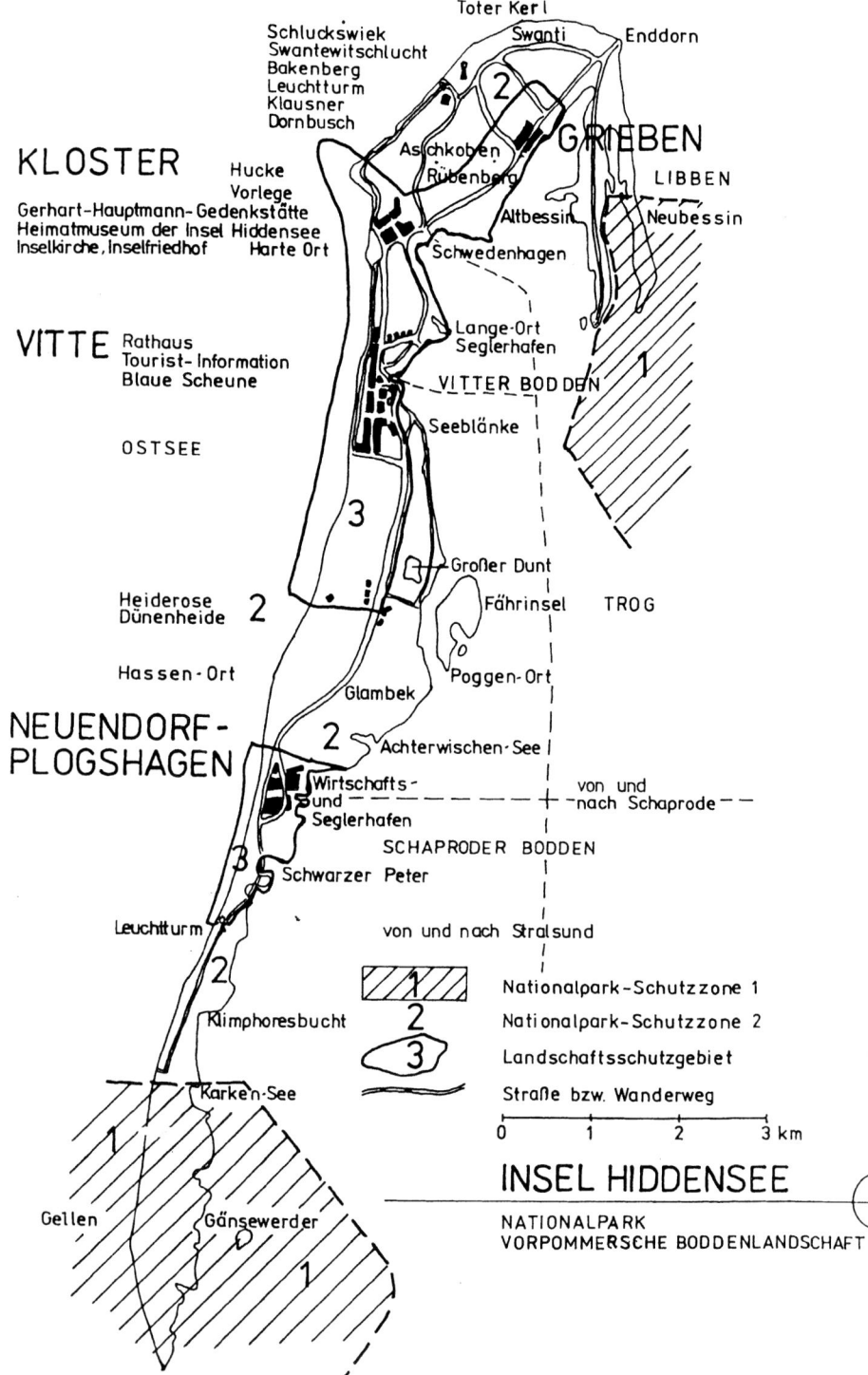

INSEL HIDDENSEE

NATIONALPARK
VORPOMMERSCHE BODDENLANDSCHAFT

KARIN BLASE

HIDDENSEE
A – Z

DEMMLER VERLAG

Titelfoto:
Hiddenseer Leuchtturm
Foto B. Blase

Fotos:
Bernd Blase, Kloster
Heimatmuseum Kloster (S. 24, 52, 56, 72)

Karte gezeichnet von Jürgen Schäfer

Herausgeber:
Gemeinde Insel Hiddensee

Lektorat:
Bernd Grabowski, Berlin

3. Auflage März 2000

© 1994 Demmler-Verlag
Bahnhofstraße 36
19057 Schwerin
Telefon/Telefax:
0385/4 84 49 79

Druck: GRAFO, S.A. - Bilbao

ISBN 3-910150-16-0

INHALT

Blick vom Dornbusch über Kloster, Vitte und Neuendorf

Zum Geleit

Schon in den zwanziger Jahren galt die Insel Hiddensee als Geheimtip für die Ruhe und Erholung Suchenden.

Während der heißen Sommertage floh man aus der unter einer Dunstglocke versinkenden Reichshauptstadt Berlin an die See.

Und wer den Trend der damaligen Zeit erkannt hatte, dazu gehörten auch zahlreiche Künstler und Intellektuelle, verbrachte die Ferien auf der Ostseeinsel Hiddensee.

Hieran hat sich trotz der dazwischen liegenden Jahre mit seinen politischen Wirren, dem Zweiten Weltkrieg und der anschließenden Zeit sozialistischer Planwirtschaft nichts geändert. Immer noch hat sich die Insel ihre Eigenheiten und ihren besonderen Charme bewahren können. Immer noch gilt ein Aufenthalt auf dem langgezogenen Eiland westlich von Rügen als ein Urlaubserlebnis ganz besonderer Art.

Die unverwechselbare Landschaft, sich auf kürzester Distanz grundlegend ändernd; die Artenvielfalt von Fauna und Flora, die zu Exkursionen mit Fernglas oder Lupe einlädt; der herbe, manchmal auf den Uneingeweihten unnahbar wirkende Menschenschlag, dessen plattdeutsche Sprache vielen auf Dauer ein Rätsel bleibt; der Kopf und Gedanken befreiende Wind, stets von See kommend und nicht zuletzt phantastische Wolkenbilder, unglaubliche Luftspiegelungen, grandiose Sonnenuntergänge oder in besonderen Fällen auch schon mal farbenprächtige Nordlichter; Hiddensee ist mehr als nur einfach eine Insel – Hiddensee ist ein Erlebnis.

Erlebtes will verstanden sein, um als bleibende Erinnerung haften zu bleiben. Bei Ihrem Aufenthalt auf Hiddensee werden sich Ihnen etliche Fragen auftun, auf die Sie eine Antwort suchen. Nicht immer wird jemand in der Nähe sein, der Ihnen die richtige Antwort geben kann.

Mit dem vorliegenden Buch „Hiddensee A–Z" haben Sie hierfür eine wertvolle Hilfe in der Hand. Das bereits 1987 unter der Autorenschaft von Karl Ebbinghaus, dem bekannten Heimatforscher der Insel Hiddensee, erschienene Heft wurde nunmehr von Karin Blase völlig neu bearbeitet, auch im Zeichen der politischen Veränderungen auf den neuesten Stand gebracht und vom Demmler Verlag Schwerin verlegt.

Herausgeber ist die Gemeinde Insel Hiddensee, die damit den Besuchern der Insel eine wertvolle Information über Land und Leute geben möchte.

An dieser Stelle möchte ich meinem Wunsch Nachdruck verleihen, daß Sie einen angenehmen Aufenthalt auf der Insel Hiddensee haben mögen und, daß alle oder zumindestens viele Fragen, die sich bei Ihren Spaziergängen oder Besuchen auf der Insel ergeben, annähernd durch das Kompendium „Hiddensee A–Z" beantwortet werden können.

Für Ihre sachlichen Hinweise sind wir als Herausgeber, die Redaktion und der Verlag jederzeit dankbar.

Kloster auf Hiddensee, im März 1994   *Norbert Ahting*
                                                 Bürgermeister

Einleitung

Als die Museen der Insel Hiddensee sich 1987 gemeinsam mit der Gemeindeverwaltung Hiddensee entschlossen, ein kleines Nachschlagewerk herauszugeben, in dem die Besucher eine Reihe von Auskünften über die Insel erhalten konnten, wurde Karl Ebbinghaus für diesen Plan gewonnen. Das damalige Heft „Hiddensee von A bis Z" erschien 1987 außerhalb des Buchhandels und war sehr schnell vergriffen, so daß schon 1989 eine zweite Ausgabe herausgegeben wurde. Da nun die Nachfrage nach diesem Heft immer noch vorhanden ist, beschlosssen wir, gemeinsam mit dem Demmler Verlag ein neues „Hiddensee A–Z" herauszubringen. Mit der Beibehaltung des Titels möchten wir signalisieren: „Hiddensee von A bis Z" ist wieder da, nunmehr völlig neu bearbeitet und in einem anderen Erscheinungsbild. Die aufgenommenen Stichwörter können nur eine Auswahl aus allem Erzählenswerten sein. Sie wurden aus den am häufigsten gestellten Fragen der Inselbesucher ausgewählt.

Neben dem umfangreichen Museumsarchiv und den aufgeführten Literaturquellen sind in das vorliegende Buch viele mündliche Berichte älterer Hiddenseer Bürger eingeflossen. Unser Dank gilt besonders Karl Ebbinghaus, der das Heimatmuseum Hiddensee 1954 unter schwierigen Bedingungen begründete und in jahrzehntelanger verdienstvoller Arbeit ein Archiv zur Geschichte Hiddensees und seiner Bewohner aufgebaut hat, das über unsere Region hinaus bekannt geworden ist und eine unschätzbare Fundgrube für die heimatgeschichtliche Forschung darstellt. Danken möchten wir auch allen unermüdlichen Freunden der Hiddenseer Heimatgeschichte, die in jahrelanger, oft mühseliger Kleinarbeit sehr viel Wissenswertes zusammengetragen, an uns weitergegeben und so auch zum Gelingen des neuen „Hiddensee A–Z" beigetragen haben.

Kloster auf Hiddensee, März 1994   Karin Blase

Die Insel Hiddensee – im Überblick

Allgemeine Angaben zur Insel Hiddensee

Einwohnerzahl: ca. 1 300
Länge der Insel: 16,8 km
Fläche der Insel: 18,6 km²
Schmalste Stelle der Insel: 250 m
Breiteste Stelle der Insel: 3,7 km
Höchste Erhebungen der Insel: Bakenberg und Swanti ca. 72 m, Schlucks-
wiek ca. 70 m.

Aberglaube

Es ist sicher nicht zufällig, daß der Aberglaube besonders auf den Nord-
und Ostseeinseln über viele Generationen immer neuen Nährboden fand

A

und zum Teil unbewußt in mancher Redewendung oder Handlungsweise bis in unsere moderne Zeit nachzuweisen ist. Häufig ist eine Vermischung von Volkssage, anekdotischer Erzählung und Aberglaube festzustellen, wobei oft schwer erkennbar ist, ob nun die alte überlieferte Sage einen abergläubischen Brauch bewirkte oder ob ein alter Aberglaube vor langer Zeit der Ursprung für eine immer weiter erzählte Sage wurde.

Einige Beispiele von Aberglaube, die bis heute auf Hiddensee bekannt sind, seien hier genannt: Wenn zwischen dem Tod und der Beisetzung eines Menschen ein Sonntag liegt, besteht die Gefahr, daß der Tote drei weitere Menschen „nachholt". Wenn man bei einem Nachbarn einen Besuch macht, sollte man möglichst durch die Tür wieder hinausgehen, die man beim Eintritt benutzte, weil sonst „irgendetwas schief geht".

Noch heute hört man manchmal in Erzählungen, in denen es sich um noch lebende Inselbewohner oder deren Vorfahren dreht, den Satz: „De kann gaud!" oder „De kann schlicht!" Das bedeutet nichts anderes als positive bzw. negative Kräfte, die bei einzelnen Personen vermutet werden.

Ärzte

Der Inselarzt hat in dem 1916 erbauten Arzthaus in Vitte seine kassenärztliche Praxis. Eine Gemeindeschwester arbeitet im Pflegedienst, der von der Arbeiterwohlfahrt getragen wird.

Die zahnärztliche Betreuung der Inselbewohner ist seit 1957 gewährleistet. Seit 1992 praktiziert der Inselzahnarzt in seiner modernen Zahnarztpraxis in Kloster. Eine sich notwendig machende krankenhausärztliche Versorgung der Patienten übernehmen die Krankenhäuser oder fachärztlichen Einrichtungen in Bergen/Rügen oder in Stralsund.

Hiddensee war bis ins 20. Jahrhundert hinein ohne einen inseleigenen Arzt. Bis nach Gingst/Rügen mußten die Hiddenseer fahren, um ärztliche Hilfe zu erhalten. Für den größten Teil der Inselbevölkerung war das Herbeiholen des Arztes zu teuer, und allzuoft kam die Hilfe zu spät. So ist dem Sterberegister der Kirchengemeinde zu entnehmen, daß in den Jahren von 1820 bis 1829 von den 143 verzeichneten Sterbefällen 117

11

Wolken über den Gellen

Kranke „ohne ärztliche Hilfe" gestorben sind. Als zu Beginn des 20. Jahrhunderts der in Schaprode/Rügen ansässige Arzt auch die Betreuung der Hiddenseer übernahm, wurde die Situation der Kranken etwas erleichtert. Allerdings wurden die Hiddenseer auch mit ihm nicht recht glücklich, denn Pastor Gustavs berichtet: „Er hatte nur einen Fehler: er war wasserscheu. Holten ihn die Fischer bei Sturm nach Hiddensee, beschwor er sie jedesmal, nicht über Stellen zu segeln, wo das Wasser tiefer als ein Meter war" (Gustavs, A., 1954). Erst 1916 gelang es den Behörden, einen Arzt auf der Insel seßhaft zu machen.

Aschkoben

Nördlich von Kloster fällt inmitten der Hügel des Hiddenseer Hochlandes dem Besucher ein „Berg" auf, der Aschkoben. Seine besondere Form verdankt er ganz offenbar dem Eingriff des Menschen in die Natur vor langer Zeit. Man vermutet, daß dieser Berg seine Form während der Arbeiten bei der Lehm- und Sandwerbung zur Zeit des Baues des Zisterzienserklosters auf Hiddensee (um 1296) erhalten hat (siehe Zisterzienserkloster).

Über die Herkunft des Namens liegen uns keine eindeutigen Erkenntnisse vor. Der Begriff „Koben" allerdings ist im Plattdeutschen für einen Holzverschlag zur Unterbringung des Viehs überall gebräuchlich.

Eine Hiddenseer Sage um den Aschkoben lautet so: „In einiger Entfernung von dem Gutshofe, hinter der Wiese, auf der die Pferde weiden, dem ‚Reedsaol', einem kleinen verlandeten See, durch den sich noch ein fast immer mit Wasser gefüllter Graben hinzieht, erhebt sich ein seltsam geformter Berg. Er hat zwei Höcker und heißt Aschkoben. Von diesem Aschkoben erzählt man sich, daß die Mönche beim Verlassen der Insel dort zwölf goldene Apostel, dazu eine goldene Wiege und auch unbearbeitetes Gold vergraben hätten. Eine andere Fassung weiß nur von drei Aposteln zu berichten. Viele Leute haben schon nach diesen Schätzen gegraben, aber niemand hat noch etwas finden können" (Findeisen, H., 1925).

Hiddenseer Leuchtturm

B

Bakenberg

Diese Bezeichnung begegnet uns an der gesamten Ostseeküste und stammt aus der Zeit, als auf natürlichen Geländeerhebungen Landmarken in Form von Leuchtbaken, meist Pechfeuer, errichtet wurden, um Fischern und Seeleuten die Orientierung auf See zu erleichtern oder sie vor der Küste zu warnen. Also Aufgaben, die später die Leuchttürme übernahmen.

Eine solche Feuerbake befand sich auch in unmittelbarer Nähe des heutigen Hiddenseer Leuchtturmes auf dem Bakenberg (72 m).

Bernstein

Bernstein – es wirkt beinahe wie ein Zauberwort und ist beliebtes Suchobjekt für alle Gäste der Insel zu jeder Jahreszeit.

Als Ursprung des Namens ist das niederdeutsche Wort „börnen" für brennen anzusehen. Mit dieser Feststellung sind wir bei dem Problem, das alle Bernsteinsucher immer wieder bewegt: Wie kann ich prüfen, ob ich wirklich ein Stückchen dieses begehrten Strandgutes gefunden habe. Dafür gibt es verschiedene Prüfmethoden, bekannte und weniger bekannte. Bernstein ist z. B. brennbar und leicht (in einem Wasserglas würde er schwimmen), und Bernstein ist weich. Die Zahnprobe oder Beißprobe zeigt deutlich, ob man auf Glas, auf einen harten Kieselstein oder auf den weicheren Bernstein gebissen hat.

Bernstein lädt sich beim Reiben, besonders auf Wolle, statisch auf und zieht sehr kleine Papierschnipsel an.

Eine größere Ausbeute als die Sommergäste haben die hiesigen „Bernsteinfischer", die besonders nach den heftigen Stürmen aus Nordwest in ihren Wathosen oft schon vor Tagesanbruch zu beobachten sind. Sie scheinen zu riechen, wo und bei welcher Windrichtung sich das Gold des Meeres zeigen wird. Die großartigen Fundergebnisse beweisen die Meisterschaft der Hiddenseer Bernsteinfischer seit Generationen.

Blick über die Halbinsel Bug (Rügen) nach Hiddensee. Am Horizont
die dänische Insel Mön.

Bessin

Dem aufmerksamen Hiddenseebesucher werden sehr bald die Bezeichnungen „Alter Bessin" und „Neuer Bessin" begegnen.

In geologischen Zeiträumen gemessen, handelt es sich bei diesen Landzungen um sehr junge Landbildungen. Der Altbessin begann sich vor etwa 300 bis 400 Jahren herauszubilden. Bereits auf einer Rügenkarte, die der Rostocker Mathematikprofessor Eilhard Lubin (1565–1621) zeichnete, ist dieser Name zu finden. Er nennt eine kleine Insel östlich des Hiddenseer Hochlandes „Oldenbesin". Der Altbessin war um die Mitte des 19. Jahrhunderts bereits 3 300 Meter lang.

Bald nach der letzten Jahrhundertwende begann sich, dem Altbessin nach Osten vorgelagert, ein neuer Haken zu bilden: der Neue Bessin, auch Neubessin genannt.

B

Während der Alte Bessin in seinem Wachstum offenbar zur Ruhe gekommen scheint, wächst der Neue Bessin jährlich um bemerkenswerte 30 bis 60 Meter. Inzwischen hat der Neubessin die Länge des Alten Bessin bereits weit übertroffen. Derartig rasche Anlandungsprozesse sind an den Küsten unseres Landes eine Seltenheit.

Woher stammt nun das Material zur Entstehung dieses Neulandes? Meer und Wind arbeiten ständig an der steilen Nordküste des Dornbusch. Die Strömung verfrachtet das hier abgetragene Material entlang der Küste, bis es schließlich im Nordosten am Ende des Sandhakens Neuer Bessin zur Ablagerung kommt. Ein solcher Materialtransport findet – in geringerem Umfang – auch in Richtung Süden statt, wodurch es zu ständigen Anlandungen am Gellen kommt (siehe Gellen).

Die Besiedlung des Neulandes mit Pionierpflanzen (Queller, Sandsegge, Strandmiere, Strandhafer und Sanddorn) lassen sich am Bessin gut beobachten.

In einer alten Urkunde (1240) erscheint als Schreibweise „Byssin". Dieser aus dem Slawischen stammende Begriff bedeutet Hollunder, der auch heute noch reichlich am Alten und am Neuen Bessin zu finden ist.

Der Neue Bessin gehört zur Kernzone des Nationalparkes Vorpommersche Boddenlandschaft und ist für den Besucherverkehr gesperrt. Eine besondere Bedeutung kommt dem Bessin als Brutgebiet bedrohter Küstenvogelarten zu. Hier gibt es noch eine Kolonie der vom Aussterben bedrohten Zwergseeschwalbe, hier brüten Sandregenpfeifer, Rotschenkel, Flußseeschwalben und Mittelsäger.

Von internationaler Bedeutung ist das dem Bessin vorgelagerte Windwatt, die Bessinsche Schaar, wo sich zu den Vogelzugzeiten im Frühjahr und Herbst Watvögel, Gänse und Enten zu Tausenden zur Rast versammeln, bevor sie im Frühjahr in ihre Brutgebiete oder im Herbst in ihre Winterquartiere weiterreisen. Von einem Beobachtungsturm an der Spitze des Alten Bessin aus hat der Naturfreund einen guten Einblick in diesen Kernzonenbereich des Nationalparkes, ohne daß es zu Störungen in diesem geschützten Gebiet kommt.

„Blaue Scheune" in Vitte

Blaue Scheune

Häufig fragen Besucher der Insel Hiddensee nach ihrer Ankunft gleich nach der „Blauen Scheune".

Die „Blaue Scheune" in Vitte wurde in den zwanziger Jahren durch regelmäßige Ausstellungen des „Hiddensoer Künstlerinnenbundes" bekannt.

Die Malerin Henni Lehmann (1887 – 1937) hatte im Jahre 1920 das Gebäude erworben und ihm den blauen Anstrich gegeben, dem das Haus bis heute seinen Namen verdankt.

Neben Henni Lehmann gehörten die Malerinnen Clara Arnheim (1865 – 1942), Elisabeth Andrae (1876 – 1960) und Katharina Bamberg (1873 – 1966) dem Künstlerinnenbund an.

Diesem Kreis eng verbunden waren auch die Malerin Käthe Loewenthal (1877 – 1942), die seit 1912 regelmäßig in den Sommermonaten auf

Hiddensee war und die bekannteste Hiddensee-Malerin Elisabeth Büchsel (1867 – 1957) (siehe Büchsel, E.).

In ihrer ursprünglichen Anlage ist die Blaue Scheune ein niederdeutsches Hallenhaus aus dem Anfang des 19. Jahrhunderts. Es beherbergte, in der Nähe der Windmühle gelegen, ehemals die Wohnung, die Backstube und die Scheune des Bäcker- und Müllermeisters Schwarz.

Seit 1954 bewohnt der Maler Günter Fink die mit Atelier und Ausstellungsraum eingerichtete „Blaue Scheune", die so wieder zu einem Anziehungspunkt für Kunstfreunde geworden ist. Wenn auch der blaue Farbanstrich beibehalten worden ist, hat doch das äußere Bild des Hauses durch seine wechselvolle Geschichte viel von seiner ehemals denkmalwürdigen Ursprünglichkeit verloren.

Bodden

Schon bei der Anreise begegnet dem Hiddenseebesucher der Begriff „Bodden", denn er reist über den Bodden an.

Bodden sind flache Meeresteile, die – oft verzweigt – in das Land hineinragen. Besonders deutlich wird das durch einen Blick auf die Landkarte von Rügen. Entstanden sind die Bodden vielfach dadurch, daß die nach der letzten Eiszeit verbliebenen Inselkerne (z. B. Wittow und Jasmund auf Rügen) allmählich durch Anschwemmung, wie sie u. a. die Schaabe auf Rügen darstellt, miteinander verbunden wurden. So wurden ehemalige Buchten von der See abgetrennt, und damit haben – um bei dem Beispiel Wittow/Jasmund-Schaabe zu bleiben – der Breeger und der Große Jasmunder Bodden seitdem nur noch über den Rassower Strom und den Libben eine schmale Verbindung zur See, zu der sich an anderen Stellen größere Boddengewässer – z. B. der Greifswalder Bodden – weit öffnen.

Im Hiddenseer Bereich gibt es den Vitter Bodden und den Schaproder Bodden, die beide durch die allmählich vor sich gegangene Anschwemmung des Flachlandes der Insel entstanden sind. Die Wassertiefe liegt hier zwischen einem und fünf Metern.

Brauchtum

Das noch in den ersten Jahrzehnten nach 1900 auf der Insel vorhandene vielseitige Brauchtum ist weit zurückgegangen.

So erfreut heute nicht mehr der Bügelbaum, der alte Hiddenseer Weihnachtsbaum, die Inselkinder.

Die herkömmliche Arbeitskleidung der Fischer wird nicht mehr getragen, alte Hochzeitsbräuche werden nicht mehr gepflegt. Veränderte Formen des Zusammenlebens – vor allem in der uralten Tradition der gemeinschaftlichen Fischerei – machten die jahrhundertelang geübte Kennzeichnung der Geräte durch Hausmarken überflüssig.

Die Lieder, die von den Fischern in früherer Zeit bei der Arbeit gesungen wurden, und die einmal sehr verbreiteten Volkstänze sind fast schon in Vergessenheit geraten (siehe Bügelbaum, Lieder der Fischer).

Allerdings haben die Hiddenseer an zwei Bräuchen bis heute festgehalten: Von den Inselgästen kaum bemerkt, kommen die Ökelnamen in den Gesprächen der Insulaner untereinander noch voll zur Anwendung und immer neue werden – oft mit viel Witz – erfunden (siehe Ökelnamen).

Der zweite noch lebendige Brauch ist auch dem Inselbesucher sichtbar: der Gebrauch der Hausmarken. Man sieht sie an vielen Häusern, vor allem in Vitte und Neuendorf (siehe Hausmarken).

Büchsel, Elisabeth
(1867–1957)

Elisabeth Büchsel, die in Stralsund geboren wurde, wandte sich schon in jungen Jahren der Malerei zu. Nach Lehr- und Studienjahren in Berlin und Dresden hielt sie sich u. a. in Holland, Frankreich und Italien auf und unternahm immer wieder ausgedehnte Reisen in Deutschland – von Holstein bis ins Alpengebiet.

1904 entdeckte sie für sich und für ihr Schaffen die vielgestaltige Landschaft der Insel Hiddensee, der sie über 50 Jahre lang die Treue hielt. Wohl in jedem Jahr war sie den ganzen Sommer über hier tätig. Ihrer

Elisabeth Büchsel. Hiddenseer Fischerfrauen am Strand, um 1910

offenen und einfachen Art verdankte sie es, daß sie bald einen engen
Kontakt zu den Insulanern hatte. So kam es, daß sie neben vielen Studien
und Bildern der Landschaft auch zunehmend die Fischer, deren Frauen
und Kinder porträtierte, ohne einen Auftrag dafür zu haben. Das war
seinerzeit schon etwas Besonderes. Der einfache ländliche Mensch der
engeren Heimat – der Insel Hiddensee – stand zuvor noch nie so im
Mittelpunkt des künstlerischen Schaffens wie bei Elisabeth Büchsel.
Ihre Gemälde sind heute in zahlreichen Galerien vertreten. So besitzt das
Kulturhistorische Museum Stralsund eine umfangreiche Sammlung und
das Heimatmuseum der Insel Hiddensee darf etliche Skizzen und Gemälde E. Büchsels sein eigen nennen. In manchen Hiddenseer Familien
werden Arbeiten von ihr wohl behütet.
Die unbedingte Detailtreue, die ihren Arbeiten eigen ist, gibt auch der
Volkskunde immer wieder wertvolle Anhaltspunkte z. B. in der Darstellung der Häuser, der Arbeitsgeräte und der Kleidung.

B

Buddelschiff

Eine besondere Form der seemännischen Volkskunst stellen die Flaschenschiffe (Buddelschipps) dar. Mit der Herstellung vertrieben sich die
Seeleute die Stunden ihrer Freiwache an Bord. Das gilt vor allem für die
Zeit der Segel- und der aufkommenden Dampfschiffahrt.
Heute werden Flaschenschiffe als Souvenirs in großen Mengen indu-
striell hergestellt und angeboten. Das Herstellungsverfahren ist dabei
allerdings unverändert geblieben: Der einzubringende Schiffsrumpf wird
so klein gehalten, daß er durch den Flaschenhals eingeschoben werden
kann. Die Takelage wird außerhalb der Flasche auf dem Schiff aufgebaut,
aber so, daß sie mit dem Rumpf beweglich verbunden ist und nach hinten
umgelegt werden kann. Die vom vorderen Mast zum Bug verlaufenden
Leinen bleiben vorerst noch so lang, daß sie – nachdem das Schiff mit
zurückgeklappter Takelage in die Flasche eingebracht ist – aus dem
Flaschenhals heraushängen. Wenn dann das Schiff auf dem vorgefertig-
ten Untergrund fest verklebt ist, wird die Takelage mit Hilfe der erwähnten Leinen wieder aufgerichtet, die zum Schluß an der Bugspitze einge-
klemmt, verleimt und abgeschnitten werden.

Bügelbaum

Im Heimatmuseum der Insel befindet sich das Modell eines Bügelbau-
mes, eines Weihnachtsbaumes besonderer Art.
Es ist bekannt, daß bis in die 2. Hälfte des 19. Jahrhunderts dieser
weihnachtliche Brauch auch auf einigen Nordseeinseln anzutreffen war,
jedoch hatte jede Insel ihre ganz spezielle Art des Weihnachtsbaumes
entwickelt.
Zurückzuführen ist dieser Brauch sicher in allen Fällen – so wie es von
Hiddensee überliefert ist – auf inselspezifische Gegebenheiten. Die ge-
schmückte Tanne oder Fichte gab es zwar schon im 16. und 17. Jahrhundert zur Weihnachtszeit überall in Stadt und Land. Aber auf Hiddensee
z. B. waren diese Bäume nicht heimisch, und sie auf dem Festland zu

beschaffen, war mit Schwierigkeiten und Kosten verbunden. So wird es auch auf anderen Inseln gewesen sein. Also half man sich selbst – und erfand den Bügelbaum.

Der Grundstock für den Hiddenseer Bügelbaum war ein oben zugespitzter Besenstiel, der in ein Gefäß mit Sand oder in ein hölzernes Standkreuz gesteckt wurde. Danach befestigte man zwei größere und zwei kleinere Ringe aus Weidenruten über Kreuz am Besenstiel. Nun wurden Stiel und Ringe mit – auf der Insel reichlich vorhandenem – Wacholder oder auch Buchsbaum umwickelt. Als Ersatz für das natürliche Grün fand auch buntes, dünnes Papier Verwendung. Nachdem acht Kerzen (an jedem Ringbogen eine) angebracht waren, wurde der „Baum" nun mit bunten Ketten geschmückt. Sie bestanden aus Äpfeln, Nüssen, Backpflaumen, Bonbons und natürlich Lebkuchen in Form von Fischen und Vögeln. Als Krönung kam meist eine kleine Fahne, oft auch ein größeres Lebkuchenherz an die Spitze. Aber in jedem Fall mußte unter der Fahne oder dem Herz das „Kinjesköpping" (die Kind-Jesus-Puppe) – auch als Lebkuchen gebacken – zu finden sein.

Dieser Brauch, in der Vorweihnachtszeit den Hiddenseer Bügelbaum zu schmücken, findet in heutiger Zeit wieder neue Freunde.

„De Süder"

Wer länger auf Hiddensee lebt, merkt es an sich selbst: die Himmelsrichtungen haben hier einen höheren Stellenwert im täglichen Leben erhalten. Das ist an allen Küsten und auf allen Inseln so, auf Hiddensee jedoch spielen immer der Norden und der Süden – vor allem wegen der Nordsüdausrichtung der Insel – eine besondere Rolle.

So haben sich die Inselbewohner schon vor langer Zeit angewöhnt, die in Neuendorf-Plogshagen, also im Süden der Insel, lebenden Hiddenseeer kurzerhand „de Süder" zu nennen.

„Durch die früher isolierte Lage der Süderdörfer ergab sich für deren Bewohner eine engere Verbindung zur wirtschaftlich stärkeren Insel Rügen, die mit dem Segelboot in kurzer Zeit erreichbar war (Schaprode).

Blick zur Fährinsel

Das blieb – wenn auch nur geringfügig – auf verschiedene Entwicklungs-vorgänge nicht ohne Einfluß. So glichen sich z.B. die Süder den rügen-schen Sprachgewohnheiten zum Teil an, so daß ein Kenner des Plattdeut-schen einen Neuendorfer von einem Vitter schon an der Sprache unter-scheiden konnte. Bemerkenswert ist auch, daß die Süder – im Gegensatz zu einem großen Teil der Vitter Einwohner – nie untertänig waren, was in einem unverkennbaren Selbstbewußtsein und auf lange Zeit auch in einem ausgeprägten Festhalten an altem Brauchtum zum Ausdruck kam" (Ebbinghaus, K., 1989).

Die Himmelsrichtungen spiegeln sich auch in den Straßennamen „Norder-ende" und „Süderende" in Vitte wider.

„. . . oft habe ich es erlebt, wenn ich bei einer Beerdigung an der offenen Gruft stand, der Sarg eingesenkt war und nun zurechtgerückt werden sollte, daß es dann hieß: ,Noch en bäten nurdlichter das Koppenn' (Noch

Fischerhaus in Neuendorf

ein bißchen nördlicher das Kopfende), oder ,ne Kleinigkeit oostlicher!'
(eine Kleinigkeit östlicher)" (Gustavs, A., 1954).

Donnerkeil

Aufmerksame Strandwanderer können auf der Insel Hiddensee versteinerte Überreste ausgestorbener Tiere und Pflanzen finden, die allgemein als Fossilien bezeichnet werden. Dazu gehören auch die im Volksmund als Donnerkeil bekannten versteinerten Skeletteile von Belemniten. Das waren Kopffüßer, die vor etwa 70 Millionen Jahren in großer Menge das kreidezeitliche Meer bewohnten.
Die Bezeichnung „Donnerkeil" entstand durch die Vorstellung der Küstenbewohner, diese Versteinerungen seien auf Blitzeinschläge am Strand zurückzuführen, für die der germanische Gott Donar verantwortlich gemacht wurde. Man nannte sie volkstümlich auch Katzenstein oder Teufelsfinger.

D

Dornbusch

Das den nördlichen Teil der Insel bestimmende Hochland mit allen Hügeln wird als „Dornbusch" bezeichnet. Er ist während der letzten Eiszeit vor etwa 12 000 Jahren entstanden. Gletscher haben das aus Lehm, Ton, Mergel, Sanden und Geröll bestehende Geschiebe aus Nordeuropa hierher verfrachtet und zu einer sich bis zu 72 m ü. d. M. erhebenden Stauchendmoräne zusammengeschoben.

An der bis zu 60 m hohen und etwa 4 km langen Steilküste, dem Dornbuschkliff, wird ständig Material abgetragen. Das Meer raubt der Insel dieses Material zwar an dieser Stelle, landet es jedoch im südlichen Flachland (siehe Gellen) und im östlich vom Dornbusch gelegenen Sandhakensystem Bessin (siehe Bessin) wieder an.

Der Name soll von einer Gruppe großer Dornsträucher herrühren, die ehemals auf einer Höhe der an sich kahlen Steilküste stand und den Seefahrern als Landmarke diente. Die Bezeichnung wurde dann auf das gesamte Hochland übertragen, das bei Nordoststurm einen wesentlichen Teil der Hiddenseer Westküste abschirmt. Daher werden seit jeher oft Schiffe veranlaßt, sich hier vor Anker zu legen, um das Abflauen eines Sturmes abzuwarten. Bis heute hat sich die alte Redewendung „achtern Dornbusch liggen" (hinterm Dornbusch liegen) erhalten, die bereits in frühen Berichten über die Kriegsfahrten der Dänen gegen Rügen (12. Jh.) zu finden sind.

Der Dornbusch, schon seit 1937 als Naturschutzgebiet ausgewiesen, gehört seit 1990 zum Nationalpark Vorpommersche Boddenlandschaft. Hier finden wir in den Schluchten des Steilufers einen üppigen Strauchbewuchs. Das waldfreie Hügelland ist durch reiche Bestände an Ginster und Sanddorn bekannt. Unzählige Königskerzen prägen im Hochsommer das Bild dieser hügeligen Landschaft. Seit Jahrhunderten schon werden die großflächigen Magerrasen in diesem Gebiet durch Schafe beweidet.

Steilküste des Dornbusch

In der Dünenheide

Waldeidechse (oben), Kreuzotter (unten links)
und Ringelnatter (unten rechts)

Blühende Heide zwischen Vitte und Neuendorf

Dünenheide

Eine Landschaft von besonderer Schönheit auf der Insel ist das Heidegebiet zu beiden Seiten des Weges zwischen Vitte und Neuendorf, die
Dünenheide.

Diese typische Küstenheide, gekennzeichnet durch Windanrisse und
Sandüberwehungen, mit Ausblasungsmulden und hohen Dünenrücken
beherbergt eine Vielfalt von Pflanzen und Tieren.

Im August ist das blühende Heidekraut, die Besenheide, der dominieren-
de Eindruck. Der Begriff „Besenheide" gibt einen Hinweis auf die
frühere Nutzung der derben Triebe. Die Zwergsträucher der Besenheide
bilden zusammen mit der Krähenbeere und der Kriechweide eine Zwerg-
strauchheide, die nahezu die gesamte Heidefläche überdeckt.

In den Ausblasungsmulden, die oft bis zum Grundwasser hinabreichen,
kommt es zur Herausbildung kleiner Dünentalmoore. Hier findet man die

im Juni blühende Glockenheide, und auch der seltene Rundblättrige Sonnentau ist ebenso noch anzutreffen. Die Heidelandschaft bietet, von den meisten Wanderern oft unbemerkt, vielen Kleintierarten einen idealen Lebensraum. Besonders an trockenen Sommertagen ist die vielfältige Welt der Insekten, z. B. Grabwespen, Blatt- und Schlupfwespen mit etlichen Arten, Käfer, Falter, Hautflügler, zu beobachten. Viele Arten von Spinnen bemühen sich, mit ihren kunstvollen Netzen überall in der Heide Insekten einzufangen. Aber auch Wirbeltiere finden wir in dieser von unterschiedlichen Biotopen geprägten Landschaft. Da gibt es Lurche wie den Laubfrosch, den Kammolch und verschiedene Krötenarten. Eine Begegnung mit einem Vertreter der Reptilien, z. B. mit einer Waldeidechse, mit einer Ringelnatter oder einer Kreuzotter, kann in der Hiddenseer Dünenheide durchaus möglich sein. Allerdings sind diese Tiere besonders scheu und werden meist schon durch herannahende Schritte eines Wanderers veranlaßt, im Heidekraut zu verschwinden.

Neben Feldhase, Fuchs und Rehwild ist in der Heide auch das 1988 ausgesetzte Muffelwild zu beobachten.

Die Dünenheide, seit 1967 als Naturschutzgebiet ausgewiesen, ist Bestandteil der Pflege- und Entwicklungszone des Nationalparkes Vorpommersche Boddenlandschaft.

Enddorn

Auf alten Karten erscheint manchmal der Flurname „Entendorn", manchmal auch „Endur". Gemeint ist in jedem Falle die nach Nordosten der Insel vorspringende Landspitze, die den Dornbusch abschließt und die seit langem als „Enddorn" auf allen Landkarten verzeichnet ist. Das gesamte Hochland der Insel wurde vor allem von Seeleuten schon früh mit Dornbusch bezeichnet, und dort, wo von See aus gesehen, dieses in nordöstlicher Richtung endete, war eben der Enddorn.

E

Englisches Geschirr

Die Seefahrt hat einen starken Einfluß auch auf die Kultur in den Fischerdörfern der Insel Hiddensee ausgeübt. So fand man in den Haushalten der Schiffer und Seefahrer Englisches Geschirr, das als Andenken und Mitbringsel von den langen und weiten Fahrten mit heimgebracht wurde.

1797 berichtet Johann Friedrich Zöllner in seiner „Reise durch Pommern nach der Insel Rügen" von seinem Aufenthalt auf Hiddensee: „Die Verheiratheten bringen ihren häuslichen Weibern, um sie für eine Abwesenheit von oft drei oder vier Jahren zu entschädigen, irgend eine ausländische Kostbarkeit mit. So sahen wir in einigen sehr schlechten Stuben längs der Wand auf einem Brette schöne braune und bunte Englische Tassen von Steingut, nebst anderen zierlichen Kleinigkeiten aufgestellt, welche uns die Frau zeigte, und dabei mit einer Art triumphierender Miene sagte: ‚Das hat mein Mann aus der Fremde mitgebracht.'"

Bei dem Volkskundler Alfred Haas (1896) lesen wir ähnliches: „In manchen der alten Häuser konnte man höchst seltenes ausländisches Porzellangeschirr und Steingut erblicken, welches . . . hier auf dem Wandbrett oder im Wandschrank sorgsam aufbewahrt wurde."

Das hier als ausländische Porzellangeschirr bezeichnete englische Steingutgeschirr ist vereinzelt noch als Schmuck- und Andenkenstück in dem einen oder anderen Haushalt der Insel zu finden. Es ist seinerzeit von den Seefahrern keineswegs immer in England gekauft worden. Diese Ware wurde zwar dort hergestellt, stellte aber einen wichtigen Exportartikel dar. Dabei wurden die einzelnen Stücke oft mit Dekormotiven versehen, die dem Empfängerland entsprachen – so zum Beispiel mit ostasiatischen Landschaften, mit Mittelmeermotiven oder Berglandschaften. Das gilt vor allem für Teller, Tassen und Schüsseln verschiedener Größen. Krüge, Dosen, Kannen usw. waren vielfach mit Sprüchen in englischer Sprache versehen. Der besondere Stolz der Hausfrau waren (und sind es manchmal heute noch) die sogenannten Goldpött. Das sind Milch- oder ähnliche Kannen aus besonders feinem Steingut, die mit ihrer Kupferglasur und der oft rotgelben oder ockerfarbenen Auflage auffallen.

Bekannt und heute bei Sammlern wieder hoch im Kurs sind die Englischen Hunde, von denen immer ein Paar zusammengehört. Sie haben ihren Platz stets auf den Fensterbrettern der Wohnstuben gehabt. Diese Figuren wurden nach der Jahrhundertwende das Opfer von Geschichten, die – so behaupten die Seeleute – nur von „Landratten" verbreitet wurden: Als Bordellhunde geschmäht, wußte man von ihnen zu berichten, daß britische Prostituierte sie als Verständigungsmittel mit ihren Kunden nutzten. Blickten die Hunde vom Fensterbrett auf die Straße hinaus, so war der Besuch – und meist waren es Seeleute – willkommen. Englisches Geschirr und Englische Hunde sind auch im Heimatmuseum der Insel Hiddensee zu sehen. In der Hauptmann-Gedenkstätte in Kloster sind aus dem Nachlaß des Dichters einige besonders wertvolle Stücke ausgestellt, die aus der Produktion der bereits im 18. Jahrhundert weit bekannten englischen Firma Wedgwood stammen.

Ettenburg, Alexander (1858 –1919)

Alexander Ettenburg, der seinerzeit weniger mit diesem Künstlernamen – eigentlich hieß er Alexander Eggers – als vielmehr durch die für sich gewählte Bezeichnung „Einsiedler von Hiddensee" bekannt wurde, erlangte für die Insel eine gewisse Bedeutung. Er, der in Schlesien geboren wurde, fühlte sich zum Schauspieler und Schriftsteller berufen und schrieb, nachdem ihm Hiddensee um die Jahrhundertwende zur zweiten Heimat geworden war, romantisierende Dramen zur frühen Geschichte Hiddensees. Zahlreiche Gedichte verherrlichen die Insel.

In Grieben erwarb er ein kleines altes Fischerhaus, in dem er eine „Schwedische Bauernschänke" einrichtete. Gleichzeitig baute er in der Nähe der heutigen Gaststätte „Zum Klausner" mit einfachen Mitteln eine Waldschänke auf, die er „Eremitage zu Tannhausen" nannte. Dort bezog er auch sein Sommerquartier.

Nach 1895 belebte Ettenburg durch seinen persönlichen Einsatz (Werbereisen mit Vorträgen, Wasserkorsofahrten sowie Aufführung seiner Dramen in der von ihm so benannten „Swantewitschlucht") den sich entwikkelnden Fremdenverkehr zur Insel. So ist z. B. einer Zeitungsnotiz aus dem Jahre 1909 zu entnehmen, daß zu einem von ihm veranstalteten Waldfest „viele Besucher mit 3 Dampfern" aus Stralsund kamen. Als sein Pachtvertrag für „Tannhausen" nicht erneuert wurde – die Bauernschänke in Grieben hatte er schon vorher aufgegeben – zog er sich enttäuscht in die Heide südlich von Vitte zurück, wo er die Dünenschänke „Einsiedelei Mathilde" eröffnete. Nach anfänglich gutem Zuspruch durch Einheimische und Gäste ging dieser jedoch bald zurück. Vergrämt und von Krankheit geplagt, sprach er zunehmend dem Alkohol zu. Er starb 1919 in Stralsund.

Seine Dramen und Gedichte sind heute vergessen, lediglich das folgende Gedicht findet man noch manchmal als Zitat:

> Un dor, an Rügens Westerkant,
> dor liegt min Hiddensee,
> dat lütte, smale Inselland
> mit Wisch un wald'ger Höh.

> Wie Orgelton brust hier dat Meer
> bi Dag un ok bi Nacht!
> Un Lerchensang swebt öwer her
> in gold'ner Frühjohrspracht!

> Min Hiddensee, min sötes Lann,
> wie büst Du enzig schön!
> Un nie verget, wer eenmal nur
> Di, Hiddensee, hatt' sehn!

F

Fährinsel

Die Fährinsel liegt, durch einen etwa 180 m breiten Boddenarm – der Bäk – vom Boddenufer getrennt, zwischen Vitte und Neuendorf. Diese kleine Insel (ca. 37 ha) besteht aus einem 40 cm über NN liegenden und oft überschwemmten Abschnitt, dem Roschen, und zahlreichen Strandwällen mit einer Höhe von ca. 2 m über NN. Die Insel gehört zu Hiddensee. Auf der ältesten Karte von 1532, die Hiddensee darstellt, finden wir noch keinen Hinweis auf die Fährinsel. Erst 1608 ist sie auf der Lubinschen Karte als „Fehr" (Fähre) verzeichnet. Die erste bekannte schriftliche Erwähnung finden wir aus dem Jahre 1695 in der sogenannten Schwedischen Matrikel. Schon hier wird berichtet, daß die Verbindung zwischen Hiddensee und Rügen von den auf der Fährinsel lebenden Fährleuten aufrechterhalten wurde. Reisende, die nach Hiddensee wollten, wurden von den Fährleuten über den Bodden und auch über die Bäk gebracht. Seit 1869 war der gesamte Posttransport für Hiddensee durch die Fährleute vertraglich geregelt. Zur Erledigung ihrer Aufgaben waren sie auch im Winter verpflichtet, wenn die Boote wegen Vereisung nicht eingesetzt werden konnten. Dann fungierten die Fährleute als Eislotsen und transportierten Post und Fracht auf Piekschlitten per Hand oder auch mit Pferdeschlitten. Die Reisenden folgten in der Spur der Eislotsen meist zu Fuß. Bevor im Jahre 1887 die direkten Schiffslinien zur Insel Hiddensee eröffnet wurden, der Schiffsverkehr von Stralsund nach Rügen jedoch schon längst über seine Anfänge hinaus war, hatten die Fährleute die oft komplizierte Aufgabe des An- und Abbootens, d. h. daß Reisende aus den an Hiddensee vorbeikommenden Schiffen von den Fährleuten bzw. aus dem Boot der Fährleute von den Schiffen übernommen werden mußten. Auch mit dem regelmäßigen Schiffsverkehr nach Hiddensee behielt der Fährbetrieb bis 1952, vor allem wegen der Postbeförderung, seine Bedeutung. Bis heute werden oft die zwischen Hiddensee und Rügen (Schaprode) fahrplanmäßig verkehrenden Schiffe immer noch als „Postboote" bezeichnet, obwohl bereits seit 1960 die Weiße Flotte die Aufgaben des Post- und Personenverkehrs zwischen Rügen und Hiddensee übernommen hat.

F

Fayencen

Als der Stralsunder Kaufmann und spätere schwedische Kammerrat
Joachim Ulrich Giese (1719 – 1780) im Jahre 1754 die gesamte Insel
Hiddensee kaufte, erwarb er damit auch die Grundlage für eine Manufak-
tur in Stralsund, die seinen Namen weit über die Stadtgrenzen hinaus
bekannt werden ließ. Giese hatte an der Hiddenseer Steilküste Ton
gefunden, der zur Herstellung von Fayencen besonders gut geeignet war,
und gründete daraufhin in Stralsund eine Fayencefabrik.

Der Ton wurde an der Steilküste abgebaut, in der Nähe des Schwedenhagen geschlämmt und auf Hiddenseer Schuten nach Stralsund gebracht,
wo er zu Fayencegeschirr verarbeitet wurde. Das Produktionsangebot an
feinem Gebrauchsgeschirr fand ein Absatzgebiet, das weit über Pom-
merns Grenzen hinausging.

Wirtschaftliche Schwierigkeiten, zuletzt aber die harte Konkurrenz
aus dem Ausland führten zur Einstellung des Unternehmens (siehe Giese,
J. U., und Englisches Geschirr).

Im Heimatmuseum Hiddensee befinden sich aus der Gieseschen Ma-
nufaktur einige Stücke, die das Kulturhistorische Museum Stralsund
freundlicherweise als Leihgabe zur Verfügung stellte.

Findlinge

Findlinge sind auffallend große Steine, die dort, wo sie liegen, nicht ihre
geologische Heimat haben. Die in Norddeutschland anzutreffenden Findlinge haben ihren Ursprung im skandinavischen Raum und sind durch
gewaltige Gletscher der Eiszeiten bis in unser Gebiet transportiert worden. Deshalb werden sie oft auch als Geschiebe oder erratische (lat. errare
= irren, verirren) Blöcke bezeichnet.

Die beiden größten Findlinge auf Hiddensee sind ein Granitfindling mit
einem Rauminhalt von 12 Kubikmetern am Nordstrand unterhalb des
Leuchtturmes und der als „Bismarkstein" bezeichnete Stein mit einem
Volumen von 10 Kubikmetern an der Hucke. Kleinere Findlinge sind

zahlreich am Nordstrand zu sehen. Sie sind als Zeugen von Uferabbrüchen zurückgeblieben, nachdem das leichte Material von der Ostseebrandung weitertransportiert wurde.

Fischerei

Daß die Fischerei auf Hiddensee schon vor langer Zeit eine wesentliche Grundlage des Lebensunterhaltes war, beweist Ernst Heinrich Wackenroder, der bereits 1730 berichtet: „Die Leute im langen und wohlbewohnten, wiewohl mit gar schlechten Häusern angefülleten Dorf Vitte wissen von keinem Ackerbau und nehren sich vom Fischfang".

Allerdings hat es den Nur-Fischer auf Hiddensee wohl kaum gegeben. Wir wissen aus vielen alten Urkunden, daß Hiddenseer Fischer in der Regel stets einiges Vieh besessen haben und sehr wohl auch Ackerbau – natürlich in geringem Umfang – betrieben. Dieser Fischer-Bauer ist bis in jüngere Zeit auf Hiddensee vertreten gewesen.

Eine Besonderheit der Hiddenseer Fischereigeschichte ist die sehr früh einsetzende Erkenntnis, daß lohnender Fischfang nur in Gemeinschaft möglich ist. Es kam zur Bildung der „Partien", unter denen man sich Fischerei- oder Fanggemeinschaften selbständiger Fischer vorstellen muß, die das Fischereigerät gemeinsam anschafften, damit gemeinsam fischten und den Erlös anteilig unter sich aufteilten. Ein Anteil war für die Instandhaltung des Bootes vorgesehen.

Bereits die Schwedische Matrikel aus dem Jahre 1695 berichtet von drei Partien mit 44 Mitgliedern auf Hiddensee. Diese Partien haben sich bis in unsere Zeit hinein erhalten und gingen seit 1960 in die Fischerei-Produktionsgenossenschaften (FPG) über.

Seit 1990 fischen eine Reihe von Fischern wieder mit ihren eigenen Booten, und auch in Zukunft wird die Fischerei das Bild der Insel entscheidend mitbestimmen.

F

Fitten

Hinter dem Begriff Fitten verbirgt sich die schon im 13./ 14. Jahrhundert gebräuchliche Bezeichung „Fischlegen" (= Fische in Salz legen).

Fitten waren bestimmte Plätze an der Küste, wo die Fischer zur Fangzeit im Herbst eintrafen, um ihre Heringe hier an Händler zu verkaufen, die zu dieser Zeit ebenfalls in diesen Fitten erschienen, ausgerüstet mit Salz und Tonnen. Meist waren auch Hütten als Unterkünfte, Lagerräume und sogar ein Krug vorhanden. Bewohnt waren diese Gebäude aber nur während der Fangperiode. Später wurden hier vielfach auch Fischer seßhaft. Es kann angenommen werden, daß dies für die Hiddenseer Fitten schon frühzeitig zutraf, zumal in alten Urkunden sogar schon von zwei Krügen die Rede ist. Auch wird schon bald nach der Gründung des Zisterzienserklosters auf Hiddensee (1296) von Streitigkeiten zwischen den hier lebenden Mönchen und Hiddenseer Fischern berichtet.

Auf den Inseln Rügen und Hiddensee lassen sich sechs Fitten nachweisen, von denen die „Große Fitte" – das ist das heutige Vitt/Arkona – wohl die größte Bedeutung hatte. Nur bei Vitt/Arkona und Vitte/Hiddensee weist der Name noch auf die frühere Bedeutung der Fitten hin.

FKK

Auf Hiddensee ist es an bestimmten Strandabschnitten schon seit Jahrzehnten üblich, auch unbekleidet die Badefreuden zu genießen.

Jedoch haben sich Anhänger der Freikörperkultur (FKK) dieses Badeerlebnis seit Generationen immer wieder erkämpfen müssen.

Noch 1913 wird berichtet, daß sich die zuständige Polizeibehörde genötigt sah, das Ausziehen am freien Strand zu verbieten. Für die Damen war „ein undurchsichtiger, den ganzen Körper vom Hals bis zum Knie bedekkender Badeanzug" als Badebekleidung vorgeschrieben, während der polizeilich verhängte „Zwickelerlaß" nur das Tragen von dicht anliegenden Badehosen mit Zwickeleinsatz erlaubte.

F

Daß die polizeilichen Verfügungen von den Sommergästen nur wenig beachtet wurden, dokumentiert eine Äußerung Gerhart Hauptmanns, der im Hinblick auf seinen 1916 auf Hiddensee begonnenen Roman „Die Insel der großen Mutter" später erwähnte: „Ich hätte sie wohl nie geschrieben, hätte ich nicht jahrelang auf Hiddensee die vielen schönen, oft ganz nackten Frauenkörper gesehen und das Treiben dort beobachtet". Zeitweilige Verbote nach dem zweiten Weltkrieg wurden ebenfalls wenig beachtet, forderten doch die Natürlichkeit und Ursprünglichkeit der Insel geradezu heraus, daß sich das „textillose" Baden und Sonnen sogar noch mehr ausbreitete.

Flurnamen

Der Betrachter einer größeren Karte der Insel Hiddensee stellt eine ungewöhnlich große Zahl von Flurnamen fest, von denen hier nur einige genannt werden sollen.

An der Außenküste:
Enddorn
Fliederberg
Harte Ort
Hassen-Ort
Hucke
Nußgrund
Rennbaum
Swantewitschlucht
Swanti
Toter Kerl
Vorlege

An der Boddenküste:
Bessin
Fischer Haken

Karkensee
Klimphores Bucht
Lange-Ort
Möwen-Ort
Poggen-Ort
Schafort
Schwarzer Peter
Schwedenhagen
Seeblänke
Tedinginsel

Auf dem Hochland:
Aschkoben
Bakenberg
Dornbusch
Hexenberg

39

F

Honiggrund	Gellen
Reedsol	Glambek
Rübenberg	Großer Dunt
Schluckswiek	Salzwiesen
	Sprenge
Auf dem Flachland:	
Achterwischensee	Auf der Fährinsel:
Dünenheide	Schwedenschanze
Gänsewerder	

Einige dieser vorgenannten Flurnamen werden im Text vorgestellt.

Fremdenverkehr

In der sogenannten Reiseliteratur, vor allem in Reiseberichten über die Insel Rügen, hatte Hiddensee schon seit Jahrhunderten seinen Platz, bevor hier mit dem Übergang in das 20. Jahrhundert der Fremdenverkehr einsetzte. Natürlich stand die Entwicklung des Fremdenverkehrs in engem Zusammenhang mit den Verkehrsverbindungen. Es darf nicht übersehen werden, daß noch vor 120 Jahren die Tagesausflügler, die heute zu Hunderttausenden jährlich auf die Insel kommen, meist nur nach einer oft abenteuerlichen Segelpartie die Insel betreten konnten. Erst nachdem 1887 das Bollwerk in Kloster und 1905 und 1907 die Dampferanlegebrücken in Vitte und Neuendorf fertiggestellt waren, konnten die ersten Dampfschiffe auf Hiddensee festmachen und so eine größere Anzahl von Besuchern auf die Insel bringen. Seit 1905 begann auch die Anzahl der angebotenen Ferienquartiere schnell anzusteigen. Schon 1913 gab es z. B. allein in Kloster drei Hotels und drei größere Pensionen, und es wird bereits die kostenlose Benutzung von 18 Badehütten am Strand in Kloster angeboten.

Als Gerhart Hauptmann im Juli 1885 die Insel Hiddensee kennenlernte, war er von der Abgeschiedenheit und der Unberührtheit Hiddensees so tief beeindruckt, daß er sie 1930 zu seiner Wahlheimat werden ließ und sich wünschte, einmal seine letzte Ruhestätte auf dieser Insel zu finden (siehe Hauptmann, G., und Gerhart-Hauptmann-Gedenkstätte).

Im Jahre 1899 bereits hatte Hauptmann an den Berliner Theaterleiter Otto Brahm geschrieben: „. . . nur stille, stille, daß es nicht etwa ein Weltbad werde." Ein Weltbad ist die Insel Hiddensee bis heute nicht geworden, nicht einmal ein Modebad. Hier finden keine Kurkonzerte statt, es gibt keine Kur- und Strandpromenaden, auf denen die Strandmoden der Saison vorgeführt werden, sogar das Auto muß man in Stralsund oder auf Rügen zurücklassen. Und trotzdem (oder vielleicht deswegen?) verleben Tausende von Urlaubern alljährlich ihre Ferien hier. Die vielseitige landschaftliche Schönheit und Besonderheit zieht immer wieder die langjährigen Hiddenseekenner und neue Gäste an. Naturfreunde finden hier Naturräume vor, die selten geworden sind. Der viele Kilometer lange Strand an der Westseite der Insel lädt zum Baden ein.

Auch für Hiddensee zieht in unserer Zeit die Gefahr heran, vom Massentourismus überrollt zu werden. Im Jahre 1982 besuchten 220 000 Touristen die Insel – im Jahre 1993 waren es schon 750 000. Etwa 85 % der nach Hiddensee beförderten Personen sind Tagesgäste. An einem zufällig ausgewählten Sonnentag, am 14. 8. 1993, ergab eine Zählung, daß in Kloster 1339, in Vitte 1830 und in Neuendorf 899, also insgesamt 4057 Inselbesucher den ankommenden Schiffen entstiegen.

Die Menschen, die hier leben, und die Menschen, die zu Hiddenseefreunden geworden sind, tragen miteinander die Verantwortung dafür, daß die Insel Hiddensee das seit Jahrhunderten beschriebene besondere Eiland bleibt.

Fürstengrab

Fragen nach einer frühen Besiedlung der Insel Hiddensee haben stets Wissenschaftler und Laienforscher beschäftigt. Jeder Fund, der einen Hinweis auf einen frühen Siedlungsplatz enthielt, hatte für die Insel mit seiner geringen Fläche eine besondere Bedeutung.

Einen solchen Fund machte im Jahre 1905 der Leuchtturmwärter Emil Wenzlaff, als er an der Steilküste im Norden der Insel auf ein sogenanntes Brandgrab stieß, das bei einem Uferabsturz freigelegt worden war. „Die Beigaben ließen den Schluß zu, daß hier in der 2. Hälfte des 2. Jh. u. Z. eine reiche Germanin beigesetzt worden war. Neben einer irdenen Kanne mit einem Beigefäß sind eine Bronzekasserolle, ein Napf und ein Henkel-kännchen zu nennen, die als römischer Import zu werten sind. Zwei Spinnwirtel, verschiedene Gürtelteile aus Bronze und ein Kästchen, das den aus Edelmetall gefertigten Schmuck der Verstorbenen enthielt, ver-vollständigten die Grabausstattung. Unter dem Schmuck fielen vor allem zwei 15 cm lange silberne Nadeln mit kunstvoll verzierten goldenen Knöpfen auf." (Ebbinghaus, K., 1989). Wegen seiner reichen Ausstattung wurde dieser Fund der Kategorie der Fürstengräber zugeordnet. Fast alle Stücke des Fundes gingen im zweiten Weltkrieg verloren. Nur die er-wähnte Kanne mit dem Beigefäß blieb erhalten und gehört zu den Schätzen des Kulturhistorischen Museums in Stralsund. Nachbildungen von beiden Stücken befinden sich im Heimatmuseum Hiddensee.

Gellen

Der südliche Teil der Insel Hiddensee ist der Gellen. In ihm finden wir eine erdgeschichtlich junge Hakenbildung vor. Er wurde wie die gesamte Inselfläche südlich vom Dornbusch nach der Eiszeit aus Schwemm-sanden aufgebaut. Dieser Anlandungsbereich besteht aus einem ganzen System von Strandwällen und sich überlagernden Dünen, die in ständiger Umlagerung begriffen sind. Heute wächst der Gellen jährlich bis zu etwa 5 m. In der Bezeichnung „Gellen" ist das slawische Wort „jeleni" = der Hirsch enthalten. So wird der Gellen in alten Urkunden „Yellant" oder auch „Jelenine" genannt. Es ist urkundlich belegt, daß Hiddensee vor dem 30jährigen Krieg einen beachtenswerten Waldbestand hatte. Daß Hirsche in früher Zeit zum Wildbestand der Insel gehörten, beweisen etliche Geweihfunde, die ihrem Befund nach mehrere hundert Jahre alt sind.

Der Gellen gehört zu den wertvollsten Naturflächen der Insel. Auf den nährstoffarmen Böden gedeihen selten gewordene Pflanzen wie Wollgras und Rundblättriger Sonnentau. Als Nahrungs- und Rastplatz für Küstenvögel sind der Geller-Haken, zu dem auch die kleine unbewohnte Insel Gänsewerder gehört, und die Flachwassergebiete während der Zugzeit von überregionaler Bedeutung. Tausende von Kranichen, Wasser- und Watvögeln sammeln hier im Frühjahr und Herbst Kräfte für ihre Reise zwischen Brutgebiet und Winterquartier. Dieser besondere Lebensraum ist als Kernzone des Nationalparkes Vorpommersche Boddenlandschaft für Besucher gesperrt. Das gilt auch für den Strandbereich, hier brütet u. a. der seltene Sandregenpfeifer.

Gellenkirche

In unmittelbarem Zusammenhang mit der Gründung des Zisterzienserklosters Hiddensee 1296 (siehe Zisterzienserkloster) stand die Übernahme aller pfarramtlichen Rechte durch das Kloster.
Bereits aus dem Jahre 1302 liegen erste urkundliche Berichte über die sogenannte Gellenkirche vor, die von den Mönchen des Klosters südlich von Plogshagen errichtet worden war. Bis zur Einweihung der „Kirche vor dem Klostertore", der heutigen Inselkirche in Kloster, im Jahre 1332 (siehe Kirche) ging von der Gellenkirche die seelsorgerische Betreuung der gesamten Inselbevölkerung aus. Später hatte sie den Charakter einer Kaufmannskirche, in der die Mönche des Klosters den ausfahrenden Seeleuten die Sakramente reichten, denn der Gellen war der letzte feste Landpunkt für die von Stralsund kommenden Schiffe, bevor sie in die Ostsee hinausfuhren. Nach der Auflösung des Klosters (1536) liegen von der Gellenkirche keine Nachrichten mehr vor. Geographische Karten um 1600 lassen darauf schließen, daß sie zu dieser Zeit nicht mehr bestand. Seit dem 19. Jahrhundert beschäftigen sich Kunsthistoriker und Denkmalpfleger immer wieder mit den „Resten der Gellenkirche", denn die Fundamente sind zum Teil noch erhalten. Über einen langen Zeitraum haben Sturm und Brandung zu Landabtragungen geführt, so daß die

Fundamente immer wieder vom Wasser der Ostsee überspült werden. Bei Flachwasser am Weststrand kann man sie auch heute noch deutlich erkennen. So gelang es dem Inselpastor Gustavs, nach schweren Sturmhochwassern um die Jahrhundertwende 1913/14 Vermessungen an den Fundamenten vorzunehmen.

Besondere Verdienste erwarb sich Karl Ebbinghaus, dem es mit seinen gründlichen und weiterführenden Vermessungsarbeiten 1963 gelang, die Rekonstruktion der Kirche mit dem angebauten Leuchtturm, der Luchte, weitgehend zu ermöglichen (siehe Luchte).

Gerhart-Hauptmann-Gedenkstätte

Der Name Gerhart Hauptmanns (1862 – 1946) ist seit über 100 Jahren mit der Insel Hiddensee verbunden. Am 29. Juli 1885 lernte er anläßlich eines Kurzbesuches zusammen mit seinem Bruder Carl, dessen Frau und seinem Freund Hugo Ernst Schmidt die Insel kennen. Er kam immer wieder, und seit 1916 wurde Hiddensee fast in jedem Jahr das Ziel seines Sommeraufenthaltes.

Die heutige Gerhart-Hauptmann-Gedenkstätte befindet sich im Haus „Seedorn" in Kloster. In diesem Haus war er bereits 1926 als Sommergast gewesen und konnte es 1930 kaufen. Er ließ es um einen Anbau erweitern: ein großzügiges Arbeitszimmer, in dem auch die Bibliothek des Dichters ihren Platz fand, und das sogenannte Abendzimmer, in dem die Geselligkeit mit vielen prominenten Gästen, aber auch mit dem Inselpfarrer Gustavs und dessen Familie gepflegt wurde. Die neuen Räumlichkeiten wurden durch einen Kreuzgang mit dem eher bescheidenen Altbau verbunden. In diesem Haus verbrachte Gerhart Hauptmann von 1931 bis 1943 stets einige Sommermonate.

Die seit 1956 der Öffentlichkeit als Gerhart-Hauptmann-Gedenkstätte zugänglichen Räume wurden bisher von weit über zwei Millionen Besuchern besichtigt. Sie sind weitgehend im Originalzustand erhalten geblieben und werden durch Zeitdokumente und zeitweise Sonderausstellungen ergänzt.

G

Die innere Bindung des Dichters an dieses Haus auf Hiddensee findet deutlichen Ausdruck in einem Gedicht, das er bei seinem letzten Aufenthalt auf der Insel 1943 niederschrieb:

Die Insel

Hier, wo mein Haus steht,
wehte einst niedriges Gras:
ums Herz Erinnerung weht,
wie ich dereinst
mit Freunden hier saß.
Wir waren zu drein,
vor Jahrtausenden mag es gewesen sein.
Es war einsam hier,
tief, tief!
So waren auch wir.
Verlassenheit über der Insel schlief.
Dann kam der Lärm,
ein buntes Geschwärm:
entbundener Geist,
verdorben, gestorben zuallermeist.
Und nun leben wir in fremdmächtiger Zeit,
verschlagen wiederum in Verlassenheit.
In meines Hauses stillem Raum
herrscht der Traum.

Geschichte der Insel

Die bewegte Geschichte Vorpommerns und der Insel Rügen spiegelt sich auch in der Geschichte der Insel Hiddensee wider.
Nachdem zwischen dem 4. und 5. Jahrhundert die Germanen unser Gebiet verlassen hatten, wurden die Inseln Rügen und Hiddensee von den Slawen besiedelt. Zeugnisse der slawischen Besiedelung Hiddensees

finden wir noch heute in einigen Orts- und Flurnamen, z. B. Grieben, Gellen, Glambek. Erst im 12. Jahrhundert werden die Nachrichten über Hiddensee zahlreicher und fundierter.

1168 Eroberung der slawischen Tempelfeste Arkona auf Rügen; Beginn der Christianisierung Rügens; Rügen und Hiddensee bleiben bis 1325 unter dänischer Hoheit.

1325 Rügen und Hiddensee gelangen infolge eines Erbfolgevertrages unter die Herrschaft von Pommern-Wolgast; die Zeit der Pommernherzöge geht 1637 zu Ende. Nach kurzem Interregnum während des Dreißigjährigen Krieges wird im Westfälischen Frieden

1648 Vorpommern mit den Inseln Rügen und Hiddensee Schweden zugesprochen. Im Nordischen Krieg (1700 – 1721) gelingt es

1715 den Dänen erneut, beide Inseln zu besetzen. Durch den Frieden von Stockholm fallen

1720 Rügen/Hiddensee und auch Stralsund wieder an Schweden zurück. Nach kriegerischer Auseinandersetzung zwischen den Schweden und Napoleon kapituliert

1807 der schwedische König Gustav Adolf IV. vor den napoleonischen Truppen und verliert auch Rügen mit Hiddensee. Beide Inseln werden

1810 an Schweden zurückgegeben. In diesem Jahr verfügt der schwedische König die Aufhebung der Leibeigenschaft auf Rügen, wodurch auch Hiddenseer zu Pachtbauern und freien Fischern werden können.

1815 tritt Schweden im Ergebnis des Wiener Kongresses Vorpommern mit Rügen und Hiddensee an Preußen ab.

1945 Hiddensee gehört zum Land Mecklenburg-Vorpommern.

1952 Durch die Auflösung der Länderstruktur auf dem Gebiet der DDR und im Zuge der Neuaufteilung des Territoriums in Bezirke wird Hiddensee dem Bezirk Rostock zugeordnet.

1990 Hiddensee liegt im Bundesland Mecklenburg-Vorpommern und gehört zum Kreis Rügen.

G

Giese, Joachim Ulrich
(1719 –1780)

Der Stralsunder Kaufmann Joachim Ulrich Giese, der – wie bereits unter dem Stichwort Fayencen erwähnt – 1754 die ganze Insel Hiddensee für 10 464 Reichstaler erwarb, verarbeitete seit 1757 den auf Hiddensee abgebauten graublauen Ton in seiner Fayencefabrik. Für die Tongewinnung, das Schlämmen und den Transport nach Stralsund waren zwölf Hiddenseer als Arbeiter beschäftigt. So ist z. B. der Name des Aufsehers Johann Christoph Karsten aus Grieben überliefert, der das Schlämmen und das Verladen der Tonerde zu überwachen hatte. Bemüht, weitere Möglichkeiten auf der Insel kommerziell zu nutzen, richtete Giese auf Hiddensee die erste Heringssalzerei ein. Durch seine Unternehmungen wurde ein Teil der erwerbsfähigen Bevölkerung regelmäßig beschäftigt, so daß die Giesesche Zeit als eine erste – wenn auch bescheidene – wirtschaftliche Blütezeit auf Hiddensee angesehen werden kann. Giese, der die schwedische Krone finanziell wirksam unterstützte (Vorpommern war bis 1815 schwedisch), wurde für seine diesbezüglichen Bemühungen 1761 vom König der Titel „Kammerrat" verliehen. Die Regelung der landwirtschaftlichen und gesellschaftlichen Belange auf der Insel überließ Giese seiner Frau, die zu der Hiddenseer Bevölkerung einen guten Kontakt hatte. Die Überlieferung besagt – und Urkunden lassen es erkennen –, daß sie „mit Fürsorge und Güte regierte". Man nannte sie hier „unsere gute Mutter". Als nach dem Tode ihres Mannes ihre Absicht bekannt wurde, die Insel aus finanziellen Gründen zu verkaufen, wurde sie von Einheimischen inständig gebeten, davon Abstand zu nehmen.

Die Insel ging 1785 in den Besitz ihres Sohnes Thurow Giese über, bevor sie im Jahre 1800 von Hauptmann Friedrich Wilhelm Ludwig von Bagewitz übernommen wurde. Nach dem Tode ihres Mannes sorgte Elisabeth Giese für eine umfassende Renovierung der Kirche in Kloster, für welche die Gieses schon 1771 eine große Glocke hatten gießen lassen, die im ersten Weltkrieg abgeliefert werden mußte. Die geplante Einschmelzung unterblieb jedoch, und so konnte die Glocke auf die Insel zurückkehren.

G

Glambek

Glambek hieß ein ehemaliges kleines Dorf slawischen Ursprungs zwischen der heutigen Gaststätte „Heiderose" und Neuendorf. Der Name ist von dem slawischen „glenboka" = Tiefenort abgeleitet und kann wohl als Kennzeichnung für das während der Slawenzeit wahrscheinlich einzige Dorf auf dem Flachland (= Tiefland) der Insel angesehen werden. Das Dorf, das aus sieben Katen bestand, wurde laut Kirchenakten im Dreißigjährigen Krieg 1628 „niedergelegt".

Der in der Regionalliteratur oft zu findende Hinweis, die Bewohner des zerstörten Glambek hätten Neuendorf gegründet, erscheint zweifelhaft, denn der Name Neuendorf erscheint in den Kirchenbüchern erst kurz nach 1700.

Eine große Wiese nördlich von Neuendorf heißt heute noch „die Glambek", eine seichte Stelle in der Nähe ist „die Glambeksche Wädling", und noch steht der „Glambeksche Busch" – ein alter Weißdorn an der Straße kurz vor Neuendorf.

Grabsteine

Eine Anzahl von alten Grabsteinen auf dem Inselfriedhof in Kloster erwecken die Aufmerksamkeit des Besuchers. Die ältesten unter ihnen stammen aus dem 18. Jahrhundert.

Pastor Gustavs schreibt in seinem Hiddensee-Buch: „Das Staunenswerte daran ist, daß kein Name auf dem Stein vermerkt ist, nur das Todesjahr und die Hausmarke ... Name ist Schall und Rauch. Es spricht eine ganze Lebensauffassung und Weltanschauung aus diesen lakonischen Inschriften zu uns. Eine Lebensauffassung, nach der der einzelne in seinem Geschlecht, seiner Sippe, seiner Arbeitsgemeinschaft aufgeht." (Gustavs, A., 1954).

Die alten Grabsteine aus dem 18. und 19. Jahrhundert, die alle unter Denkmalschutz stehen, lassen Einzel- und Familienschicksale der einstigen Bewohner Hiddensees lebendig bleiben.

G

Auf eine sich in der Kirche befindliche Grabplatte sei besonders hingewiesen. Sie deckte das Grab des Abtes Johannes Runnenberg, der als 14. Abt des Zisterzienserklosters auf Hiddensee amtierte (siehe Zisterzienserkloster).

Grieben

Das älteste und kleinste Dorf auf Hiddensee ist Grieben. Die erste Erwähnung ist aus dem Jahre 1297 aktenkundig, als der Inselvogt Detlev nach der Klostergründung (1296) Anspruch auf dieses Dorf erhob.
Die Ortsbezeichnung ist slawischen Ursprungs und auf den Wortstamm grib = Pilz zurückzuführen.
Aus dem Jahre 1532 berichten Urkunden, daß Grieben aus acht Katen bestünde. Heute ist Grieben wegen seiner reizvollen Lage zu einem begehrten Ferienort geworden.

Gustavs, Arnold
(1875 –1956)

Wenn auf Hiddensee von Arnold Gustavs die Rede ist, dann spricht man von ihm heute noch als vom „alten Pastor" oder „alten Inselpastor".
Nach seinem Theologiestudium in Greifswald, einer Anstellung als Hauslehrer in Buchwald (Riesengebirge), der Tätigkeit in den Bodelschwinghschen Anstalten Bethel bei Bielefeld und als Hilfsprediger in Rheine und Wanne (Westfalen) übernahm er im Jahre 1903 die Pfarrstelle auf der Insel Hiddensee, die er dann 45 Jahre innehatte, länger als je ein Pfarrer auf der Insel. Und auch nach seiner Emeritierung im Jahre 1948 blieb er bis zu seinem Tode der Insel treu.
Neben der seelsorgerischen Arbeit beschäftigte er sich intensiv mit der Geschichte der Insel und ihrer Bewohner. Er trug auch eine umfangreiche Sammlung mesolithischer und neolithischer Steinwerkzeuge zusammen.

Die Ergebnisse seiner heimatkundlichen Forschung hinterließ er uns mit seinem Heimatbuch „Die Insel Hiddensee" (Rostock 1954), das 1980 von seinem Enkel Arne Gustavs mit einem Bildteil und einem persönlichen Erinnerungs-Nachwort neu herausgegeben wurde.

Weniger bekannt ist, daß Pastor Gustavs sich auch der Keilschriftforschung verschrieben hatte. Er gilt als Mitbegründer der Altorientalischen Gesellschaft (Hiddensee 1923). In Würdigung seines sprachwissenschaftlichen Wirkens ernannte ihn die Theologische Fakultät der Universität Greifswald 1921 ehrenhalber zum Licentiaten der Theologie.

Seit etwa 1920 war Gustavs mit Gerhart Hauptmann freundschaftlich verbunden. Er hielt auch die Traueransprache bei dessen Beisetzung im Juli 1946. Pastor Gustavs hat sich bei der Wahrung der Hauptmannschen Hinterlassenschaft im „Haus Seedorn", der jetzigen Gerhart-Hauptmann-Gedenkstätte, in den Wirren der Kriegs- und Nachkriegszeit große Verdienste erworben.

Erst nach dem Tode von Pastor Gustavs erschienen seine Erinnerungen an den Dichterfreund unter dem Titel „Gerhart Hauptmann und Hiddensee" (Schwerin 1962, hrsg. von G. Erdmann).

Häfen

Was wäre eine Insel ohne Hafen? Die Insel Hiddensee hat gleich drei davon, sie werden oft auch schlicht als „Bollwerke" bezeichnet. Im Jahre 1887 konnten am Bollwerk in Kloster die ersten Dampfschiffe festmachen. Der Hafen Kloster dient auch heute vor allem der Fahrgastschiffahrt. Die Häfen Vitte und Neuendorf, die 1905 und 1907 Dampferanlegebrücken, um 1925 ebenfalls Bollwerke erhielten, sind traditionell vorrangig Fischereihäfen gewesen. Natürlich sind auch sie längst zu Häfen geworden, in denen in reichlicher Anzahl Fahrgastschiffe anlegen. Eine Anlegestelle wird es zuerst im heutigen Kloster gegeben haben. Sie wurde in Zusammenhang mit der Errichtung des Zisterzienserklosters (1296) benötigt. Als man 1887 das Baumaterial zur Errichtung des Hiddenseer Leuchtturmes auf die Insel bringen mußte, wurden die

Der Seenotrettungskreuzer „Dornbusch" im Vitter Hafen.

Anfänge für die Anlage des heutigen Hafens Kloster gelegt. Im Süden der Insel wird bereits 1306 ein kleiner Hafen am Gellen erwähnt, der ebenfalls in Zusammenhang mit dem Zisterzienserkloster Hiddensee zu sehen ist.

Harte-Ort

Harte-Ort ist die Bezeichnung für eine nur wenig aus der Strandlinie heraustretende Landnase an der Westküste der Insel zwischen Kloster und Vitte. Seit 1965 schützt ein Steindamm diesen Strandabschnitt, da er besonders den Angriffen der Ostsee ausgesetzt war. Schiffsstrandungen waren hier keine Seltenheit, und so begegnen die Seeleute Harte-Ort mit Respekt.

„Ort" als Bestandteil von Flurnamen ist neben „Höft", „Hucke" u. a. an der Ostseeküste zur Kennzeichnung von Landvorsprüngen häufiger anzutreffen. So sind auf Hiddensee z. B. auch „Lange-Ort", „Hassen-Ort" und „Poggen-Ort" bekannt.

51

Arbeitszimmer Gerhart Hauptmanns
im Haus „Seedorn" in Kloster

Hauptmann, Gerhart
(1862 – 1946)

Als Gerhart Hauptmann am 29. Juli 1885 zum ersten Mal die Insel Hiddensee besuchte – er übernachtete im Gasthof Schlieker in Kloster –, war er von der „Weltabgeschiedenheit und Verlassenheit" und von der unberührten Natur tief beeindruckt. Elf Jahre später, im Sommer 1896, suchte er wieder hier Ruhe und Entspannung. Diesem Aufenthalt folgten weitere in Vitte in den Jahren 1897 bis 1899, meistens in Begleitung seiner späteren zweiten Ehefrau, Margarete Marschalk (1874–1957). 1901 weilte er mit den drei Söhnen aus seiner ersten Ehe Ivo (1886–1973), Eckart (1887–1980) und Klaus (1889–1967) in der Pension von Theodor Nehls in Vitte. Erst 1916 besuchte er Hiddensee wieder und verbrachte dann bis 1943 fast in jedem Jahr mehrere Wochen hier.

H

Seit 1916 war Kloster sein Ferienziel. So wohnte er 1916 bis 1920 als Gast in der „Lietzenburg" und in den folgenden Jahren in der Pension „Haus am Meer", heute das Gebäude der Vogelwarte Hiddensee. Hier verbrachte 1924 – gleichzeitig mit Familie Hauptmann – auch Thomas Mann mit seiner Familie die Ferien. Gerhart Hauptmann bemühte sich lange um ein eigenes Sommerdomizil auf Hiddensee. Er fand es 1930 in dem Haus „Seedorn", das er schon in den Sommern davor gemietet hatte. Er konnte es erwerben, und nach einem Erweiterungsbau verbrachte Hauptmann hier von 1931 bis 1943 die Sommermonate (siehe Gerhart-Hauptmann-Gedenkstätte).

Seinem Wunsch entsprechend, fand Gerhart Hauptmann auf dem Inselfriedhof in Kloster seine letzte Ruhestätte. Der Dichter, der am 6. Juni 1946 in Agnetendorf (Schlesien) verstarb, wurde hier am 28. Juli 1946 vor Sonnenaufgang beigesetzt.

Gerhart Hauptmann verbrachte seine Aufenthalte auf der Insel niemals so, wie es landläufig von einem Ostseeurlauber erwartet wird. Wie durch Pastor Gustavs, der zum engen Freundeskreis im Haus „Seedorn" gehörte, überliefert ist, hatte Hauptmann hier einen festen Tagesablauf, in dem die Arbeit viele Stunden in Anspruch nahm.

Schon früh am Morgen ging Hauptmann bei jedem Wetter zum Baden an den Strand. Ein langer Spaziergang über Teile der Insel, den er selbst seinen „Produktivspaziergang" nannte und bei dem er sein Nachmittagsdiktat gedanklich vorbereitete, schloß sich an. Nach Mittagsschlaf und Teestunde widmete er sich konzentriert seiner Arbeit bis in den späten Abend hinein.

Erst danach kam die Geselligkeit zu ihrem Recht. An vielen seiner weltberühmt gewordenen Werke hat Gerhart Hauptmann auf Hiddensee gearbeitet.

Nur einige seien hier genannt: 1916 begann er hier die Arbeit an seinem Roman „Die Insel der großen Mutter", 1917 wurde die letzte Überarbeitung der Novelle „Der Ketzer von Soano" abgeschlossen. Die Arbeit am Versepos „Der große Traum" und am Romanfragment „Der neue Christophorus" beschäftigte ihn in vielen Sommern. Im Haus „Seedorn" entstanden 1936 sein Roman „Im Wirbel der Berufung" und 1937 das Erinnerungsbuch „Abenteuer meiner Jugend". Hier beendete er auch 1941 das Drama „Iphigenie in Delphi".

Aber auch in anderer Weise ist Hiddensee mit dem Werk Hauptmanns unlöslich verbunden: Er gibt den beiden Titelhelden des Dramas „Schluck und Jau" (1900) die auf der Insel wohl am häufigsten vertretenen Familiennamen, Schluck und Gau. Als Schauplatz des Dramas „Gabriel Schillings Flucht" (1912) ist unschwer die Insel Hiddensee auszumachen.

Hausmarken

Wer mit aufmerksamen Augen durch die Dörfer auf der Insel geht, dem fallen sicher an so manchem Haus runenartige Zeichen auf, die sich in gewisser Hinsicht zwar ähneln, bei genauem Hinsehen jedoch sehr deutlich zu unterscheiden sind: das sind Hausmarken. Ihre Entstehung – vor vielen Generationen – geht auf das Bedürfnis der Inselbewohner zurück, ihr Eigentum zu kennzeichnen. Sie waren noch um 1900 im Bereich der westlichen und mittleren Ostseeküste verbreitet und wurden auch im nordwestdeutschen Raum und in Westfalen nachgewiesen. Man kann davon ausgehen, daß die Hausmarken auf Hiddensee ein Import etwa aus der Zeit um 1200 sind. Wahrscheinlich wurden sie von westfälischen oder friesischen Einwanderern zu dieser Zeit auf die Insel gebracht. Die ältesten erhalten gebliebenen Zeugnisse des Gebrauches der Hausmarken auf Hiddensee sind Grabsteine aus dem 18. und 19. Jahrhundert, die manchmal nur die Hausmarke und das Sterbejahr des Verstorbenen als Inschrift haben.

Bis in die Gegenwart hinein kennzeichneten vor allem die Fischer ihr Arbeitsgerät mit ihren Hausmarken. Aber auch Ackergerät, z. B. Heugabeln, und Haushaltsgegenstände, wie Wäscheklammern, wurden mit diesen Eigentumshinweisen versehen. In Neuendorf war selbst die Kennzeichnung der Schafe durch einen aufgenähten Lappen mit Hausmarke üblich. Es konnte zwar bisher nicht nachgewiesen werden, daß Hiddenseer in früherer Zeit die Hausmarke als Unterschrift, also als Namenszei-

Hausmarke am Haus in Neuendorf

*Reusenfischer im Boddengewässer
vor Hiddensee bei der Arbeit*

chen, benutzten. Allerdings fanden die Hausmarken auch als Namenszeichen Verwendung, wenn sie in Loshölzern, den „Kaveln", eingekerbt waren, mit denen die Fischer der Fischereigemeinschaft in Neuendorf z. B. einzelne Arbeiten ausgelost haben.

Wichtig ist zu wissen, daß die Hausmarke niemals ein persönliches Zeichen war, sondern immer zu Haus und Hof gehörte und, daß ein neuer Eigentümer eines Hauses auch die Hausmarke übernahm. Die Tradition läßt es jedoch zu, daß ein Sohn, der aus dem Elternhaus auszieht und ein eigenes Haus baut oder erwirbt, die Hausmarke unter Hinzufügung einer „Afmark", eines ergänzenden Striches, übernehmen kann. Erfreulicherweise ist der Gebrauch der Hausmarken auf Hiddensee bis heute lebendig geblieben.

H

Heimatmuseum

Das Heimatmuseum Hiddensee gehört für den Hiddenseebesucher zu den Anziehungspunkten in Kloster. Nahe am Weststrand gelegen, untergebracht im sogenannten Rettungsschuppen, dem 1888 errichteten Gebäude des Hiddenser Seenotrettungsdienstes – zieht das kleine Museum jährlich etwa 50 000 Besucher an. Es konnte 1954 eröffnet werden, weil eine Interessengemeinschaft Hiddenseer Einwohner mit großem Engagement und Sachkenntnis Zeugnisse aus der Geschichte der Insel zusammengetragen und für eine Ausstellung aufbereitet hatte. Im oberen Raum wird die geologische und geschichtliche Entwicklung Hiddensees dargestellt. Hier erhält der Museumsbesucher Auskunft über die Entstehung der Insel und ihre erste Besiedlung. Die Geschichte des Zisterzienserklosters auf Hiddensee und die Ergebnisse der umfangreichen Ausgrabungen werden gezeigt. Sachzeugen berichten von der Lebensweise und dem Brauchtum der Hiddenseer. Eine Kopie des berühmten Hiddenseer Goldschmuckes findet das besondere Interesse der Besucher (siehe Geschichte, Hausmarken, Hiddenseer Goldschatz, Zisterzienserkloster).

Der untere Raum des Museums ist neben der Darstellung des örtlichen Seenotrettungsdienstes dem Naturschutz auf der Insel vorbehalten. Der Besucher kann seine ornithologischen Kenntnisse bei einem „Vogelspiel" überprüfen. Der täglich neu gestaltete „Blumentisch" soll das Auge der Museumsgäste auf die Schönheit der heimischen Flora lenken und dazu auffordern, die Artenvielfalt auf der Insel schützen zu helfen.

Hiddenseer Goldschatz

Am Strand bei Neuendorf wurden nach dem gewaltigen Sturmhochwasser am 12./13. November 1872 die ersten Stücke des berühmten Hiddenseer Goldschatzes gefunden. Zu Pfingsten 1873 und im Februar 1874 kamen weitere Teile des Schatzes zutage. Bis heute ist ungeklärt, ob sie vom Meer an den Strand getragen wurden, oder ob der Ansturm der schweren See den Goldschatz aus dem Dünensand herausgespült hat.

Teile des Hiddenseer Goldschmuckes (Nachbildung)

Der 16teilige Schmuck, der ein Gesamtgewicht von 596 g hat, besteht aus einem geflochtenen Halsreif (44 cm lang), einer runden Scheibenfibel oder Schalenspange, sechs großen und vier kleineren Hängestücken sowie vier Zwischengliedern. Es handelt sich also eindeutig um einen Halsschmuck. Alle Teile bestehen aus Feingold, die darauf aufgebrachten Filigran- und Granulationsarbeiten zeugen von höchster Goldschmiedekunst.

Mit Sicherheit ist die Fertigung der Schmuckstücke auf die Zeit um 950 anzusetzen. Der Schmuck ist eines der schönsten und kostbarsten Zeugnisse wikingischer Goldschmiedekunst und auch der bisher größte wikingische Goldfund in Deutschland.

Seit 1979 ist er verstärkt in den Blickpunkt der Öffentlichkeit gerückt. Damals fand man in der großen Wikingersiedlung in Haithabu bei Schleswig Patrizen, die dem Hiddenseer Goldschmuck außerordentlich ähnlich sind. Es könnte sich um Patrizen handeln, auf denen die Hohlkörper der einzelnen Stücke gefertigt wurden.

Der Goldschatz von Hiddensee hat natürlich auch eine Reihe von Legenden – wie immer, wenn Gold im Spiele ist – hervorgebracht. So wird der Schatz mit einem Raub auf einem an der Fundstelle gestrandeten Schiff in Verbindung gebracht. Da ist auch die Rede davon, daß Traumvisionen Neuendorfer Fischer zum Fundort geführt hätten. Auch die Erzählung, daß der Schmuck dem dänischen Wikingerkönig Harald Blauzahn gehörte, der ihn bei der Flucht gemeinsam mit seinem Sohn Sven Gabelbart auf Hiddensee vergraben habe, ist bisher nur eine Vermutung.

Belegt ist, daß die einzelnen Teile des Schmuckes von Fischern in Stralsund verkauft wurden, und daß es dem Direktor des damaligen Provinzialmuseums für Vorpommern und Rügen, Dr. Rudolf Baier, zu verdanken ist, daß der Goldschmuck in den Besitz und damit unter den Schutz des Stralsunder Museums gelangte.

Hier, im heutigen Kulturhistorischen Museum Stralsund, befindet sich der Originalschmuck noch heute. Eine Nachbildung ist im Heimatmuseum Hiddensee zu sehen.

Hucke

In dem Flurnamen „Hucke" ist der flämische Begriff „hoek" wiederzufinden, der eine Landspitze oder eine Landnase bezeichnet. Die Hucke ist die den Strand in Kloster nach Norden begrenzende Steilküstenpartie. Nicht immer war ihr heutiger dichter Bewuchs vorhanden. Die nach Westen vorspringende Hucke, besonders stark durch die Angriffe der See gefährdet, wurde in den Jahren 1937 bis 1939 durch den Bau eines Steindammes, auch „Huckemauer" genannt, geschützt. Erst dann konnten Sanddorn, Schlehen und Kreuzdorn Fuß fassen.

Die Hucke ist als Aussichtspunkt besonders geschätzt, da man in südlicher Richtung die gesamte Außenküste (Westküste) der Insel bis hin zum Festland überblicken kann, in nordöstlicher Blickrichtung überschaut man Teile des Hochlandes, und bei guter Sicht taucht in nördlicher Richtung die dänische Insel Moen am Horizont auf (etwa 52 km Luftlinie).

Hühnergott

Am Strand findet man oft mehr oder weniger große Feuersteine, die ein durchgehendes Loch aufweisen. An einer Schnur oder dünnen Kette werden die kleineren Exemplare gern als Schmuck getragen. Diese Lochsteine sind als Hühnergott bekannt. Der Name rührt wohl daher, daß in früherer Zeit solche Steine mit Fäden an der Hühnerstange befestigt wurden. Man glaubte, so die Legefreudigkeit der Hennen anzuspornen. Später kam der Glaube hinzu, daß der Hühnergott den Menschen in jeder Hinsicht Glück bringen könnte. Bis heute verschenkt man diese Lochsteine als Glücksbringer, übrigens nicht nur auf Hiddensee.

Insel ohne Auto

Bis zum Ende der 50er Jahre war Hiddensee die Insel ohne Auto und kam bis dahin der im Jahre 1927 durch eine polizeiliche Verordnung bekräftigten Regelung nach, die das Benutzen von Motorfahrzeugen auf der Insel untersagte. Lediglich dem Inselarzt und der Ortspolizei war das Benutzen eines Motorrades gestattet. Diese Situation ließ sich nicht aufrecht erhalten, als umfangreiche technische Maßnahmen und Bauten wie Küstenschutz und Straßenbau den Einsatz moderner Technik notwendig machten. Durch Landungsboote und Fährschiffe wurden die Fahrzeuge auf die Insel gebracht.

Seit 1991 regelt wieder eine Satzung über die Autofreiheit der Insel Hiddensee die Erteilung von Ausnahmegenehmigungen zur Führung eines Nutzfahrzeuges. Das Ziel dieser Satzung ist es, Hiddensee seinem guten Ruf als Insel ohne Auto wieder näher zu bringen. Das Verkehrskonzept auf Hiddensee sieht vor, den gesamten Transport auf der Insel durch Pferdefuhrwerke und den Einsatz von Elektrofahrzeugen zu realisieren.

Zur Zeit ist Hiddensee in ein Forschungsprojekt des Bundesministeriums für Forschung und Technologie zum Test von Elektrofahrzeugen der neuesten Generation einbezogen. Bereits jetzt sind einige Elektroautos im Einsatz, weitere sollen in nächster Zeit dieselbetriebene Fahrzeuge ablösen. Eine Solaranlage (Photovoltaik) in Vitte ist geplant, die als Aufladestation für alle Elektrofahrzeuge dienen soll.

Kirche

Die Inselkirche in Kloster, in alten Urkunden „Paur-Kirche" (Bauernkirche) genannt, wurde von den Mönchen des Zisterzienserklosters für die Bewohner der Insel vor den Klosteranlagen erbaut (siehe Zisterzienserkloster).

Die Kirche wurde im Jahre 1332 geweiht und übernahm die Aufgaben der Gellenkirche im Süden der Insel (siehe Gellenkirche). Seitdem ist sie das Gotteshaus für alle Inselbewohner.

In den über 660 Jahren ihrer Existenz hat sich das innere und äußere Bild der Kirche mehrfach verändert, jedoch steckt in ihrem Mauerwerk noch die ursprüngliche Bausubstanz.

In den Jahren 1781/82 erfuhr die Kirche eine grundlegende Renovierung. Es wurden die früheren gotischen Fenster verändert, ein neuer Dachstuhl aufgesetzt und das hölzerne Tonnengewölbe eingezogen. Der frühere Eingang an der Westseite wurde geschlossen und der Vorbau mit dem neuen Eingang an der Südseite errichtet. In ihm befinden sich auch heute noch die beiden Glockenstühle. Die Glocken der Kirche zu Kloster erlebten eine wechselvolle Geschichte: Um 1676 raubten dänische Kaperfahrer die einzige Glocke der Kirche. Der damalige Pfarrer Simonis ließ 1702 die kleine Glocke gießen, die heute noch ihren Dienst versieht. 1717 kam eine größere Glocke dazu, die 1771 umgegossen wurde. Sie mußte im ersten Weltkrieg für Kriegszwecke abgeliefert werden. Aber sie entging dem Einschmelzen und kam schließlich nach Kloster zurück. Ein durch den Transport verursachter Sprung machte den Umguß nötig.

Inselkirche in Kloster

Mit dem vom Inselpastor Gustavs selbst verfaßten Spruch

> Hart ist de Tied,
> De Hülp ist wid.
> Herrgott stah mi bi,
> Mak uns fri!

kam die Glocke 1924 wieder in die Inselkirche zurück. Im Zweiten Weltkrieg fiel diese Glocke doch noch der Rüstungsindustrie zum Opfer. Sie wurde 1953 durch eine Stahlglocke ersetzt. Seit Ende 1993 besitzt die Kirche wieder eine Bronzeglocke, die die Ersatzglocke aus Stahl abgelöst hat.
Die Orgel, eine Arbeit der traditionsreichen Orgelbaufirma Schuke, wurde am 12. September 1943 feierlich eingeweiht. Die Ausmalung des Tonnengewölbes übernahm der Hiddenseer Maler Nikolaus Niemeier in den Jahren 1921/1922.

Evang. Gemeindehaus „Uns Tauflucht" in Neuendorf

K

Im Jahre 1987 konnte die Hiddenseer Kirchengemeinde in Neuendorf eine weitere kirchliche Versammlungsstätte einweihen. Dieses evangelische Gemeindehaus trägt den Namen „Uns Tauflucht" – unsere Zuflucht.

Klima

Natürlich gibt es – meteorologisch gesehen – kein eigenes Hiddenseeklima. Das Klima auf der Insel wird durch den ausgleichenden Einfluß der Ostsee geprägt. Mäßig warme Sommer und milde Winter sind charakteristisch für das Ostseeklima. Ausnahmen bestätigen auch hier die Regel: Durch länger anhaltende Ostwind-Wetterlagen kann das Klima durchaus auch kontinentalen Charakter annehmen und im Winter zum Zufrieren der Boddengewässer und zu starken Eisbildungen auf der Ostsee führen. Das auf Hiddensee übliche sogenannte Reizklima wirkt sich bei vielen Erkrankungen günstig aus. Es wird durch eine hohe Globalstrahlung und die im Durchschnitt hohen Windgeschwindigkeiten hervorgerufen. Die mittlere Windgeschwindigkeit liegt in Kloster bei 7 m/s, in Warnemünde nur bei 5 m/s. Die Jahresdurchschnittstemperatur beträgt etwa 8°C.

Im Juli und August kann man mit Wassertemperaturen der Ostsee von 17–18°C rechnen.

Schlechtes Wetter an der Ostsee oder gar auf Hiddensee? Natürlich kann es auch hier regnen und stürmen. Jedoch ist das weder ungesund noch ist dadurch die Insel weniger schön und reizvoll. Eine luftige Brise, die bewegte See und ziehende Wolken gehören zu Hiddensee – und das wissen nicht nur die Fotografen.

Kloster

Eine häufig gestellte Frage vieler Hiddenseebesucher ist die nach dem Weg zum Kloster. Diese Frage ist nicht so unberechtigt, verdankt doch der heutige Ort Kloster seinen Namen dem Zisterzienserkloster Hidden-

Stürmische See an der Hucke bei Kloster

see, das von 1296 bis 1536 große Teile der jetzigen Ortslage Kloster einnahm:

Nach Arved Jürgensohn gab es bis zum Jahre 1904 in Kloster nur 9 Wohnhäuser: 4 zum Gutshof gehörige Häuser einschließlich der zwei Arbeiterkaten, Pfarre, Schulhaus, Strandvogtei, Gasthof und Amtsvorsteherhaus.

Diese kleine Siedlung entwickelte sich in den Folgejahren gleichzeitig mit dem Fremdenverkehr zu einem begehrten Badeort.

Von den Hügeln des Hiddenseer Hochlandes, an dessen Südhang der Ort Kloster gelegen ist, bieten sich dem Besucher reizvolle Ausblicke über den südlichen Teil der Insel und über den Bodden zur rügenschen Westküste.

Aber auch für die Freunde der Kunst und Kultur hat Kloster manches zu bieten: die Inselkirche mit dem Inselfriedhof, die Gerhart-Hauptmann-Gedenkstätte, das Heimatmuseum Hiddensee und eine neu eingerichtete Galerie lohnen einen Besuch.

K

Kloster zum Heiligen Geist Stralsund

Mit dem Einzug der Reformation in Stralsund (1525) wurde das dortige
Kloster zum Heiligen Geist in eine städtische Einrichtung umgewandelt.
Dieser Vorgang wäre für Hiddensee nicht von besonderer Bedeutung,
wenn nicht die Verwaltung des Klosters – und damit die Stadt Stralsund –
im Jahre 1836 die ganze Insel für 68 000 Reichstaler von den Erben des
bisherigen Besitzers Hauptmann von Bagewitz gekauft hätte. Das Kloster
zum Heiligen Geist – diese alte Bezeichnung blieb weiterhin in Gebrauch
– verkaufte nun zwar seinerseits einzelne Parzellen sowohl an Einwohner
der Insel als auch an Inselfremde, verpachtete aber auch bei geplanten
Bauvorhaben Grundstücke langfristig an interessierte Bürger. So stehen
heute in den Orten der Insel viele Wohnhäuser auf gepachtetem Grund
und Boden.

Künstlerinsel

„Unter den Gästen von Hiddensee haben sich, abgesehen von den schönen und schönsten Frauen, Dichterinnen, Dichter, Maler, Bildhauer,
Musiker, Schauspieler und sonstige Künstler ohne Zahl befunden. Männer klangvollster Namen auch aus allen Gebieten der Wissenschaft.
„Hiddensee wurde das geistigste aller deutschen Seebäder ...“ – diese
Worte sagte Gerhart Hauptmann 1935 in einer Rede auf einer kleinen
Feier, die anläßlich des 50. Jahrestages seines ersten Aufenthaltes auf
Hiddensee stattfand.
Nicht nur durch Ausstellungskataloge und aus literarischen Werken ist
bekannt, daß unzählige Künstler auf Hiddensee gewesen sind. Auch
Gästebücher von Hotels und Pensionen, schriftliche und mündliche
Erinnerungen von Zeitzeugen geben Auskunft über die erstaunliche
Anziehungskraft, die die Insel auf Künstler aller Genres und Wissenschaftler aus unterschiedlichen Fachrichtungen seit dem ausgehenden
19. Jahrhundert ausgeübt hat. Schon früh entdeckten die Maler die Insel,
z. B. Friedrich Preller d. Ä. (1804–1878), Anthonie Biel (1830 –1880),

Am Weststrand im Norden der Insel

Haus „Karusel" am Norderende von Vitte

Gustav Schönleber (1851–1917), der schon 1876 auf Hiddensee Motive für sein Werk „Küstenfahrten an der Nord- und Ostsee" fand, Walter Leistikow (1865–1908), der 1888 auf Hiddensee malte.

Lange bevor Gerhart Hauptmann in Kloster das Haus „Seedorn" als Sommersitz erwarb und es zu einem geistigen Mittelpunkt werden ließ, gab es auf der Insel Künstlerhäuser, in denen sich Künstler aller Schattierungen begegnen konnten.

Als Oskar Kruse (1847–1919), selbst Maler, 1904/05 die „Lietzenburg" in Kloster bauen ließ, schuf er damit eine solche Stätte der Begegnung für viele Künstler, zu denen auch Gerhart Hauptmann und der Schauspieler und Intendant Max Reinhardt (1873–1943) gehörten.

Seit 1912 besaß der Architekt Hermann Muthesius (1861–1927), der auch selbst malte, in Vitte ein Haus, in dem er gern, mit der Musikerin Anna Muthesius als Hausherrin, viele Künstler zu geselligen Begegnungen um sich versammelte. Nach seinem Tode führte die „Muthesia", wie

Anna Muthesius im Freundeskreis genannt wurde, die Tradition noch lange weiter. Diese geistigen Zentren mögen es gewesen sein, die dem Begriff von der Hiddenseer Künstlerkolonie in Reiseführern immer neue Nahrung gaben und noch geben. Eine Künstlerkolonie im üblichen Sinne hat es auf Hiddensee nie gegeben.

Nach dem ersten Weltkrieg war unter vielen anderen der mit Gerhart Hauptmann befreundete Emil Orlik (1870–1932) mehrfach Sommergast auf Hiddensee. 1919 wohnte er im Hotel „Dornbusch", 1920 erschien eine Serie von Hiddensee-Lithographien. Das Gästebuch des Hotels „Klausner" sagt aus, daß der Bildhauer und Dramatiker Ernst Barlach (1870 –1938) im Sommer 1913 dort wohnte. Es ist überliefert, daß vor 1933 die Graphikerin Käthe Kollwitz (1867–1945) Hiddensee besuchte und wohl in der Pension „Haus am Meer" in Kloster wohnte.

Ein eigenes Sommerhäuschen baute sich der Maler Willy Jaeckel (1888 – 1944) in Kloster, nachdem er seit 1907 immer wieder auf der Insel war und im Hotel „Dornbusch" oder im „Wieseneck" gewohnt hatte.

Daß Gerhart Hauptmann bis zu seinem Tode mit Hiddensee aufs engste verbunden war, ist weithin bekannt (siehe Hauptmann, G., u. Gerhart-Hauptmann-Gedenkstätte). Weniger bekannt ist, daß eine Reihe großer Namen aus der deutschen Literaturgeschichte ebenfalls in den Gästebüchern der Insel zu finden sind, und daß die Insel Hiddensee durch sie in der deutschen Literatur Spuren hinterlassen hat.

So war 1924 Thomas Mann (1875 –1955) mit seiner Familie im Sommerurlaub in der Pension „Haus am Meer" in Kloster, übrigens gleichzeitig mit Gerhart Hauptmann und seiner Familie. Wir finden in dem Erinnerungsband von Katja Mann „Meine ungeschriebenen Memoiren" (Berlin 1975) folgende Anmerkung zu diesen Ferien: „Unsere Nachbarschaft in Hiddensee war etwas ärgerlich, weil Hauptmann doch der König von Hiddensee war. Er hatte uns sehr geraten, dort hinzukommen. Nun war er aber dermaßen eindeutiger König, daß für uns dort wenig Aufmerksamkeit abfiel. Wir wohnten im ‚Haus am Meer', ‚seinem' Haus, hatten aber mit den übrigen Gästen im Speisesaal zu essen und bekamen sehr mäßiges Essen, wohingegen Hauptmann köstliche Speisen auf die Zimmer hinaufgetragen wurden. Das Ganze war etwas verdrießlich."

K

Auch Carl Zuckmayer (1896 –1977) war auf Hiddensee. Seiner Schilderung in seinem Erinnerungsbuch „Als wär's ein Stück von mir" zufolge, hat er im Juni 1926 im Haus „Thalheim" in Kloster gewohnt. Eine Gästebucheintragung vom März jenen Jahres fand sich im Hotel „Dornbusch".

Hans Fallada (1893 –1947) war 1931 auf der Insel, als er an seinem Roman „Kleiner Mann – was nun?" arbeitete. Und noch einmal, im Juni 1934, hat er Hiddensee besucht.

Joachim Ringelnatz (1883 –1934) war häufiger Gast in Vitte im Sommerhaus der Schauspielerin Asta Nielsen (1881–1972), dem „Karusel". Von seinen Besuchen berichtet Asta Nielsen in ihrem Erinnerungsbuch, das in Deutschland unter dem Titel „Die schweigende Muse" erschienen ist (siehe Ringelnatz, J., und Nielsen, A.).

Außer der mit Hiddensee eng verbundenen Asta Nielsen waren auch viele andere namhafte Künstler aus der Welt des Theaters und des Filmes immer wieder auf der Insel. So traf hier mehrmals Max Reinhardt (1873 – 1943) mit Gerhart Hauptmann zusammen. Der Schauspieler Otto Gebühr (1877–1954) vermerkt 1933 im Gästebuch des Hotels „Dornbusch", daß er seit 25 Jahren nach Hiddensee komme. Er hatte dann ein eigenes Haus in Kloster, von seinem guten Kontakt zu den Hiddenseern wird noch heute berichtet. Aber auch Heinrich George (1893–1946), Brigitte Horney (1911–1988), Eduard von Winterstein (1871–1961), und viele andere Schauspieler verlebten ihre Ferien zu jeder Zeit gern auf der Insel.

Einer Künstlerin, die allen Hiddenseern, die ihr in vielen Jahren oft begegneten, in lebhafter Erinnerung bleiben wird, sei hier gedacht: der weltberühmten Tänzerin und Tanzpädagogin Gret Palucca (1902–1993). Sie hatte vor Jahren ein Häuschen in Vitte gebaut und fast in jedem Sommer unter den Hiddenseern gelebt. Im Frühjahr 1993 hat sie – ihrem Wunsch entsprechend – auf dem Inselfriedhof ihre letzte Ruhestätte gefunden.

Neulandbildung am Neuen Bessin

Anpflanzung von Strandhafer zur Dünenbefestigung als wichtige Küstenschutzmaßnahme

K

Küstenschutz

Die besonders nach schweren Sturmhochwassern zu beobachtenden Landverluste bedrohen vor allem die Ortslagen Vitte und Neuendorf. Im Jahre 1864 brach z. B. südlich von Neuendorf – am Schwarzen Peter – die Insel bei einem schweren Sturmhochwasser gar auseinander. 1872 stieg das Wasser bedrohlich auf 2,4 m NN und richtete schwere Verwüstungen in den Dörfern Vitte und Neuendorf an.

Um Menschenleben, Hab und Gut zu schützen, waren und sind bis heute aufwendige Küstenschutzmaßnahmen erforderlich. In den Jahren 1875 bis 1878 konnten durch einen gepflasterten Erddamm der Gellen, also der südlichste Teil der Insel wieder mit Hiddensee verbunden werden.

Neuendorf wird am Außenstrand bis heute durch einen in den Jahren 1904 bis 1910 errichteten Steinwall geschützt.

Im Norden versuchte man 1937, durch eingeschlagene Stahlbuhnen in Höhe des Swantis die Insel zu schützen. Sie haben sich nicht bewährt – die verrosteten Überreste sind bei klarem Wasser und Windstille heute noch vor der Steilküste zu erkennen.

Zwischen 1937 und 1939 entstand der 400 m lange Steinwall nördlich von Kloster, die sogenannte Huckemauer. Dieser Wall wurde in den siebziger Jahren bis Harte-Ort verlängert (siehe Harte-Ort). Eine mit einem Rauhdeckwerk befestigte aufgespülte Düne schützt anschließend die Ortslage Vitte.

Ein Buhnenfeld erstreckt sich lückenlos von Harte-Ort bis zum Gellen, im südlichsten Abschnitt wurde es 1993 erneuert.

Da bei Sturmhochwassern das vom Bodden einströmende Wasser die im Hiddenseer Flachland liegenden Ortschaften gefährdet, wurde zunächst Vitte durch einen bis nach Kloster reichenden Boddendeich geschützt. Eine ähnliche Küstenschutzmaßnahme ist für Neuendorf vorgesehen.

Der „Süderleuchtturm" auf dem Gellen

Leuchttürme

Seit über 100 Jahren ist der Hiddenseer Leuchtturm im Norden das Wahrzeichen der Insel. Das „Leuchtfeuer Dornbusch" – so lautet die fachmännische Bezeichnung – wurde in den Jahren 1887/1888 auf dem Schlucksvieck, einem 72 m ü. d. M. ansteigenden Dornbuschhügel errichtet und 1888 in Dienst gestellt.

Der 28 m hohe Turm ist im Original ein runder Ziegelbau. Als sich 1927, hervorgerufen durch eine Bodensenkung, in den oberen Teilen des Turmes Risse zeigten, erhielt der Leuchtturm eine stabile 12eckige Eisenbetonummantelung.

Um eine 2000-Watt-Lampe dreht sich mit gleichbleibender Geschwindigkeit ein Prismenaufsatz. Und so setzt sich die Kennung des Leuchtturmes Dornbusch zusammen: 2,5 s Blink – 7,5 s Dunkelheit. Durch eine rote Blende strahlt in SW-Richtung ein roter Sektor, dessen nördliche

Begrenzung den aus der Ostsee kommenden Schiffen den Beginn der Fahrrinne nach Stralsund anzeigt. Die Sichtweite des Leuchtturmes beträgt maximal 45 km. Zur Leuchtturmstation gehörte seit 1912 eine Nebelsignalanlage. Moderne Navigationsverfahren ersetzen heute die früheren Schall-Nebelsignalanlagen. Und so war das Nebelhorn der Hiddenseer Leuchtturmstation am 5. Juli 1987 zum letzten Mal zu hören.
Die Insel Hiddensee kann mit einem zweiten Leuchtturm aufwarten – dem „Süderleuchtturm". Genauer gesagt ist dieser Leuchtturm ein Quermarkenfeuer, das sich auf dem Gellen befindet. Der 12 m hohe runde Turm wurde 1905 aus rot und weiß angestrichenen Eisensegmenten auf einem Steinsockel errichtet. (Ein Quermarkenfeuer ist ein feststehendes Licht, das bei Dunkelheit gleichmäßig blinkt und im Umkreis von 360 Grad strahlt.) Für die Schiffe im Fahrwasser nach oder von Stralsund und Schaprode geben die fünf weißen, roten und grünen Farbsektoren wichtige Hinweise.

Libben

Als Libben wird die Meerenge zwischen der Halbinsel Bug (Rügen) und dem Neuen Bessin (Hiddensee) bezeichnet. Seine größte Bedeutung als Zufahrtsstraße zum Stralsunder Hafen hatte der Libben in den Jahren 1648 bis 1815, als Vorpommern unter schwedischer Herrschaft stand. Als Zwischenhafen der Postschifflinie Ystad (Schweden) und der Hansestadt Stralsund wurde auf dem Bug 1685 die Station „Wittower Posthaus" eingerichtet (siehe Wittower Posthaus).

Lieder der Fischer

Der in früheren Jahrzehnten viel geübte Brauch der Fischer, sowohl bei der gemeinsamen Arbeit als auch beim geselligen Beisammensein Lieder zu singen, lebt heute nur noch in der Erinnerung der älteren Generation.

L

Da gab es ein Lied, in welchem dem früher viel gefürchteten Seehund der Kampf angesagt wurde, während ein anderes durch seinen Rhythmus das „Aufschießen" der Boote unterstützte.

Das Seehund- oder Saalhundlied, das an der gesamten Ost- und Nordseeküste, zum Teil mit geringfügigen Abwandlungen, bekannt war, lautet:

> Hal mi den Saalhund ut'n Stranne to Lanne!
> He het mi all den Fisch upfräten,
> He het mi't ganze Nett terräten.
> Hal mit den Saalhund ut'n Stranne to Lanne!

Den Vorgang des „Aufschießens" der Boote beschreibt Friedrich Wilhelm Segebrecht wie folgt: „Nach Beendigung des Heringszuges im Spätherbst werden alle Reusen- und Zees-, Flunder- und Seeboote aufgeschossen, d. h. aufs Land gezogen. Runde Hölzer werden als Rollen unter den Kiel gelegt. Die kräftigsten Fischer stemmen die Schultern unter die Planken, andere ergreifen das am Boot befestigte Zugtau, der ‚Vörsinger' erhebt den Singsang, nach dessen Rhythmus geschoben und gezogen wird."

Der Text des „Aufschieß-Liedes" lautet:

> Ei ho! Nu ermann jug!
> Ei ho! Faot em an! – So!
> Ei ho! Alle Mann! – So!
> Ei ho! Puhl em up! – So!
> Ei ho! Faot em an! – So!
>
> Ei ho! N' grot'n Ruck! – So!
> Ei ho! Steidel up! – So!
> Ei ho! Noch'n Bluck! – So!
> Ei ho! Nu giw't ‚n Schluck! – So!

Ei ho! Faot em an! – So!
Ei ho! Alle Mann! – So!
Ei ho! Mit dei Knei! – So!
Ei ho! Dat deit weih! – So!
Ei ho! Mit deit Lenn'! – So!
Ei ho! Dat möt klemm'n! – So!
Ei ho! Wi gewin'n! – So!
Ei ho! Lat em spring'n! – So!
Ei ho! Noch ,n Ruck! – So!
Ei ho! Nu giw't ,n Schluck! – So!

Jeder Vorsänger hatte bei der Textgestaltung seine eigene Variante, wobei unter Umständen auch derbe Formulierungen, die sich oft auf fremde, das Plattdeutsche meist nicht verstehende Zuschauer bezogen, nicht gescheut wurden.

Ein Trinklied, dessen Melodie Johann Friedrich Zöllner um 1790 noch gehört und aufgeschrieben hat, wird 100 Jahre später von Professor Alfred Haas als nicht mehr gebräuchlich bezeichnet.

Sein Text, in dem das Wort „Oele" starkes Bier (englisch „Ale") oder auch Schnaps bezeichnet, ist uns überliefert:

Hans Naber, ick hebb' et ju togebröcht,
Sett ji man den Duhmen un Finger torecht!
Hei kuke mal in, hei kuke mal in:
Noch Oele, noch Oele, veel Oele noch drin.

Bist'n Super; sup ut du Lumpenhund!
Bist'n Super; sup ut bet up den Grund"
Hei kuke mal in, hei kuke mal in:
Nicks Oele, nicks Oele, nicks Oele mehr drin!

L

Lietzenburg

Auf einer Anhöhe am Nordrand der Ortschaft Kloster fällt dem Besucher eine burgartige Villa auf, die „Lietzenburg". Der Berliner Maler Oskar Kruse (1847–1919) ließ sie in den Jahren 1904/1905 als Sommerdomizil für sich und seine Familie erbauen.

Der Name des Hauses, an dem schon mancher Hiddenseebesucher herumgerätselt hat, ist leicht erklärt: Kruse wohnte in Berlin in der Lietzenburgstraße. Und da das niederdeutsche Wort „Lietze" die Ente bezeichnet, lag diese Namensgebung für das Haus auf Hiddensee nahe. Die „Lietzenburg" wurde schnell zu einem Treffpunkt vieler Maler und Dichter. Sie alle wußten die viel gerühmte Gastfreundschaft Oskar Kruses zu schätzen.

Gerhart Hauptmann war mit seiner Familie oft zu Gast in der „Lietzenburg", bevor er seit 1930 ein eigenes Haus auf der Insel besaß. Er hatte sich längere Zeit bemüht, die „Lietzenburg" zu kaufen. 1918 beklagt er sich in einem Brief an Pastor Gustavs: „Ich hätte das Haus gern gekauft, aber Herr Kruse verlangt 110 000 Mark für das Haus und einen Finger breit Land rings herum. Ich bot ihm die Summe, aber für das Haus und einen Landstreifen bis zur See. Er lehnte ab."

Nach dem Tode von Otto Kruse wurde die „Lietzenburg" von seinem Bruder, dem Bildhauer Max Kruse (1854–1942) übernommen, und später war dessen Witwe Käthe Kruse (1883–1968) die Hausherrin. Als Schöpferin der Käthe-Kruse-Puppe ist ihr Name bis heute bekannt. Generationen von Kindern wurden von diesen Puppen begleitet.

Von 1949 bis 1989 wurde die „Lietzenburg" als Erholungsheim der Ernst-Moritz-Arndt-Universität Greifswald genutzt.

Luchte

Die Geschichte der Leuchttürme auf der Insel Hiddensee beginnt bereits am Anfang des 14. Jahrhunderts und steht in engem Zusammenhang mit der Errichtung des Zisterzienserklosters Hiddensee im Jahre 1296 (siehe

Zisterzienserkloster). „Im Jahre 1306 schließt Abt Petrus ein Abkommen mit dem Stralsunder Rat, in dem er ihm die Errichtung eines Leuchtturmes auf Hiddensee zum Nutzen der ankommenden Kaufleute zugesteht. Der Rat soll die Erhaltung von Bauwerk und ‚Leuchte' übernehmen, das Kloster sorgt für die Lichter und schickt einen, der die Wartung übernimmt" (Thümmel, H. G., 1987).

Die Rede ist hier von der sogenannten Luchte, einem Leuchtfeuer am südlichen Gellen, die den Seeleuten die sichere Einfahrt zum Stralsunder Hafen gewähren sollte. Der in der Gellenkirche amtierende Mönch (siehe Gellenkirche) hatte die schwierige Aufgabe, das offene Feuer mit Holz und Teer jeweils vom 8. September bis zum 1. Mai zu unterhalten.

Vermessungen im Jahre 1963 ergaben, daß der Leuchtturm direkt an die seit 1302 bestehende Gellenkirche angebaut worden ist. Nach Karl Ebbinghaus, der an diesen Vermessungsarbeiten beteiligt war, konnten die Maße des Turmfundamentes, das heute ebenso wie die Kirchenfundamente vom Ostseewasser überspült, mit etwa 4x4 m bestimmt werden. Doch muß eine Rekonstruktion der Ansicht des viereckigen Turmes ein Versuch bleiben, da keine Vergleichsobjekte bestehen.

Möwen

Die Bestimmung der Möwen fällt den nach Hiddensee kommenden Touristen oft schwer, obwohl es im allgemeinen nur zwei Arten sind, die das Schiff begleiten.

Am zahlreichsten ist die Lachmöwe vertreten. Ihr Name hat übrigens nichts mit dem menschlichen Lachen zu tun, sondern mit der Tatsache, daß sie gern an Wasserlachen brütet. Während der Brutzeit ist sie am sichersten an der schokoladenbraunen Gesichtsmaske zu erkennen, die im Winterhalbjahr bis auf einen kleinen dunklen Fleck in der Ohrgegend fast verschwindet. Schnabel und Füße sind rot.

Etwas größer als die Lachmöwe (bis 36 cm) ist die Sturmmöwe (bis 40 cm). Sie hat ein weißes Gefieder mit hellblau-grauem Mantel und einen weißen Kopf. Füße und Schnabel sind gelblich-grün.

*Lachmöwen im Winterkleid vor Hiddensee (oben), Kiebitz (unten links) und
Sturmmöwe (unten rechts)*

80

Vereinzelt sind auch Silbermöwen zu sehen. Es sind die größten der bei uns brütenden Möwen (bis 56 cm). Ihr Gefieder gleicht dem der Sturm-möwe. Ein gutes Erkennungszeichen ist ein roter Fleck an der Unterseite des kräftigen gelben Schnabels.

Die bei den Sturm- und Silbermöwen genannten Merkmale beziehen sich auf geschlechtsreife Tiere – das Jugendkleid hat bei beiden eine bräunli-che Färbung. Zu den Möwen zählen auch die schlanken Seeschwalben, die am gespaltenen Schwanz zu erkennen sind. Sie fallen besonders dadurch auf, daß sie bei der Nahrungssuche im Sturzflug in das Wasser tauchen, aus dem sie sich – oft mit einem kleinen Fisch im Schnabel – wieder in die Luft erheben. Auf Hiddensee brüten die Flußseeschwalbe und die vom Aussterben bedrohte Zwergseeschwalbe.

Die Flußseeschwalbe hat ein weißes Gefieder mit grauem Mantel. Wäh-rend der Brutzeit ist sie an der schwarzen Kopfplatte zu erkennen. Der Schnabel ist rot mit schwarzer Spitze.

Die Zwergseeschwalbe, die kleinste unter den Seeschwalben, hat wie die Flußseeschwalbe eine schwarze Kopfplatte, unterscheidet sich jedoch durch ein weißes Dreieck unmittelbar über dem Schnabel. Er ist gelb mit einer schwarzen Spitze.

Müllentsorgung

Die Müllentsorgung stellt besonders für jede Inselkommune, also auch auf Hiddensee, eines der größten Probleme dar.

Die Hausmülldeponien, die sich in früheren Jahren am Rande aller Ortslagen befanden, wurden 1974 abgedeckt und dafür eine zentrale Mülldeponie in der Nähe des Swantiberges angelegt.

Die Kapazität dieser Deponie ist jetzt erschöpft und eine Neuanlage auf der Insel nicht möglich. Deshalb muß der gesamte Müll auf die Insel Rügen transportiert werden. Um das Transportvolumen zu verringern, wird der nicht recyclebare Restmüll in Preßkontainern verdichtet. Die notwendig gewordene Müllerfassungsstation konnte im Juli 1993 im Vitter Hafengelände in Betrieb genommen werden.

Muscheln

Bei jeder Strandwanderung findet man auch auf Hiddensee Muscheln in großer Menge. Weil die Artenvielfalt dieser Meeresbewohner in der Ostsee jedoch stark vom unterschiedlichen Salzgehalt des Wassers abhängt, muß der Muschelsammler damit rechnen, hier weniger Arten als in westlich gelegenen Küstenabschnitten anzutreffen, denn die Ostsee um Hiddensee hat einen relativ geringen Salzgehalt.

Von den zwölf in der Ostsee vorkommenden Muschelarten trifft man am Hiddenseer Strand meistens auf die Miesmuschel, die im gesamten Küstenbereich zu finden ist, die Echte Herzmuschel, deren gerippte Schalen in unterschiedlichen Größen, weiß oder gelblich getönt, zu den häufigen Funden gehören, die Baltische Plattmuschel, deren kleine Schalen meist rosa sind, aber auch eine weiße, grünliche oder gelbliche Farbtönung haben können und die Sandklaffmuschel, deren weiße und vergleichsweise große Schalen an allen Strandabschnitten ins Auge fallen.

Name der Insel

Die erste schriftliche Erwähnung der Insel finden wir unter dem Namen „Hedinsey" in einem Lied der altnordischen Dichtung, der Edda. Es wird hier vom nordischen König Hedin berichtet und auch von König Helgi, der während einer wikingischen Kriegsfahrt die Ankunft von Kriegsschiffen abwartet, die sich bei Hedinsey gesammelt hatten: „. . . dort blieb der König, bis gekommen waren die Heerscharen aus Hedinsey . . ." (Nach Ewe, H., 1983). Da Ey (ebenso wie Ö, Oe, Öhe) die Bedeutung unseres Wortes „Insel" hat, ist Hedinsey also „Insel des Hedin".

Der dänische Historiker Saxo Grammaticus (1150 – 1220), der in der „Historia Danica" die Rügenfeldzüge der Dänen beschreibt, gebraucht die lateinische Form „Insula Hithini", auch in der von ihm aufgezeichneten Sage: Der norwegische König Hithin, der in der Edda Hedin heißt, und der jütländische König Högin, der dort Hogne genannt wird, gerieten nach anfänglicher Freundschaft in Streit, weil Hithin angeblich des Högin Tochter vor der versprochenen Ehe entehrt hatte. Es kam zum Zweikampf, in dem Hithin so schwer verwundet wurde, daß er verloren gewesen wäre, wenn ihm in letzter Minute nicht Högin, gerührt von der Jugend und Schönheit des Gegners, das Leben geschenkt hätte. Aber der Haß glühte immer noch auf beiden Seiten. Sieben Jahre später erfolgte auf der Insel Hiddensee, die damals zweifellos einen anderen Namen bei ihren Bewohnern hatte, ein zweites Treffen, in dem Hithin und Högin einander töteten.

Der Name der Insel wird also aus dem lateinischen „Insula Hithini", übersetzt ins dänische „Hithinsoe" oder auch „Hedins-Oe" entstanden sein. Noch lange ist die amtliche Schreibweise „Hiddensoe" in Urkunden zu finden, andererseits wird in Reisebeschreibungen aus dem 18. Jahrhundert bereits von „Hiddensee" und den „Hiddenseern" berichtet. Obwohl der Streit um „Hiddensoe" oder „Hiddensee" noch Generationen von Reiseschriftstellern und Sprachgelehrten beschäftigte, hatte sich schon längst im allgemeinen Sprachgebrauch der heutige Name der Insel durchgesetzt. Der amtliche Name ist „Insel Hiddensee".

Nationalpark Vorpommersche Boddenlandschaft

Der Nationalpark Vorpommersche Boddenlandschaft umfaßt eine Fläche von 805 km², wovon 118 km² Land- und 687 km² Wasserflächen (Ostsee und Boddengewässer) einnehmen. Zu ihm gehören große Teile der Halbinseln Darß und Zingst, Westrügens und der Insel Hiddensee. „Nationalpark" ist der höchste Schutztitel, der international für eine Landschaft vergeben werden kann. Wir finden auf Hiddensee eine noch wenig vom Menschen beeinflußte Landschaft, die wegen ihres Artenreichtums an Pflanzen und Tieren und der Vielgestaltigkeit der Landschaftsformen besonders schützenswürdig und schutzbedürftig ist. Deshalb ist die Insel Hiddensee Teil des 1990 gegründeten Nationalparkes Vorpommersche Boddenlandschaft geworden. Ausgegliedert wurden nur die Ortslagen Grieben, Kloster, Vitte und Neuendorf.

Kanadagänse über Hiddensee

Auf der Insel Hiddensee findet man eine der wenigen noch erhalten gebliebenen Naturlandschaften Mitteleuropas mit natürlicher Küste, die einer ständigen Veränderung unterliegt. Auf engstem Raum treffen sich auf Hiddensee ein hochaufragendes, von Küstenschutzmaßnahmen weitgehend unberührtes Kliff, Flachküsten, Nehrungen, Windwatten, Strandseen und Bodden. So vielfältig wie diese Küstenlandschaft mit naturnahem Wald, mit Dünenheide, Salzwiesen und Magerrasen ist, so vielfältig ist auch die Tier- und Pflanzenwelt.

Die Südspitze des Neuen Bessin, die Bessinsche Schaar, der Gellen, der Gänsewerder und der Gellenhaken sind Brut- und Rastgebiete von internationalem Rang für Kraniche, Gänse, Enten, Watvögel, darunter vom Aussterben bedrohter Vogelarten wie die hier noch brütende Zwergseeschwalbe.

Diese besonderen Lebensräume wurden zur Kernzone des Nationalparkes erklärt. Sie sind für Besucher gesperrt, damit sich die Natur, vom

Menschen unbeeinflußt und ungestört, entwickeln kann. Außerhalb der Grenzen des Nationalparkes sind auf Hiddensee die Dünenheide und das Schwedenhagener Ufer als Naturschutzgebiete ausgewiesen.

Neuendorf-Plogshagen

Über die Entstehungsgeschichte dieses Doppeldorfes im Süden der Insel (siehe De Süder) ist vergleichsweise wenig verbürgt. Während in der Schwedischen Matrikelkarte von 1695 Plogshagen mit vier Katen aufgeführt ist, wird Neuendorf nicht erwähnt.

„Die Gründung von Plogshagen fällt wahrscheinlich in die Zeit des Zisterzienserklosters. Der Name ist deutschen Ursprungs. Seine Ableitung von einem Personennamen ist auch möglich, zumal eine Urkunde aus dem Jahre 1368 von einem Streit zwischen dem Kloster und einem Peter Plog berichtet. Andererseits ist auch eine Anlehnung an den niederdeutschen Begriff ‚ploog' = Flurstück (auch Waldstück) einer bestimmten Größe möglich ... Neuendorf ist das ‚neue Dorf', das nachweisbar kurz vor 1700 entstand. Die Version, die Bewohner des 1628 zerstörten Dorfes Glambek hätten Neuendorf gegründet, ist unklar, denn zwischen der Vernichtung des einen und dem Aufbau des anderen liegen immerhin rund 70 Jahre" (Ebbinghaus, K., 1989).

In Neuendorf ist auch heute noch die ursprüngliche Fischerdorfanlage zu erkennen. Die Häuser sind in Zeilen in Solarausrichtung, d. h. in Längsrichtung von Ost nach West erbaut, damit der Wohnbereich dem Süden, also der Sonne zugewandt ist. In der Regel wurden niedrige Bodenwellen zum Bauplatz gewählt, und so hören die erstaunten Besucher, daß es hier einen Plauderberg oder einen Königsberg gibt. Die nördlichste Häuserzeile heißt seit langem „Schabernack", wobei eine Deutung dieser Bezeichnung bis heute nicht gelungen ist.

N

Nielsen, Asta
(1881–1972)

Die dänische Schauspielerin Asta Nielsen, die ihre großen Erfolge in deutschen Stummfilmen errang, verbrachte die Sommermonate oft auf Hiddensee. Sie besaß am Norderende in Vitte ein kleines Haus, das „Karusel". Der Grundriß dieses Hauses entspricht etwa einem Quadrat, in dem zwei sich gegenüberliegende Ecken stark abgerundet sind. So entsteht der Eindruck eines runden Baues, der wohl Asta Nielsen angeregt hat, das Haus in ihrer dänischen Muttersprache „Karusel" (Karussel) zu nennen. In ihrem Erinnerungsbuch, das in Deutschland unter dem Titel „Die schweigende Muse" erschienen ist, schildert Asta Nielsen, wie ihr Haus zum Sammelpunkt für Maler, Schriftsteller und Schauspieler wurde, die sich ebenfalls Hiddensee als Ferienort ausgesucht hatten: „Im allgemeinen fanden sie sich gegen drei Uhr ein. Dann stellten wir Tische und Stühle ins Gras, etwas anderes gab es nicht um mein Haus. Das Mädchen lief mit Kaffeekannen ein und aus . . . Einige Gäste blieben hin und wieder zum Abend . . . Nach dem Essen versammelten wir uns am Kamin um die große Kupferbowle . . . und die Unterhaltung hub an. Die Kunstwelt wurde von allen Seiten beleuchtet und erhielt ihren blauen oder roten Stempel. Jeder hatte seine ausgesprochen persönliche Ansicht, und keiner hielt damit hinter dem Berg. Besonders die Münchener Künstler lösten sämtliche Probleme der Welt: Der Dichter Ringelnatz veranschaulichte im Handumdrehen mit Hilfe von Streichhölzern, wie die Pyramiden in der Wüste gebaut wurden, und der Bildhauer Martin Möller bedauerte, nicht zur Zeit Benvenuto Cellinis zu leben, in der man umfangreich von Dolchen und Gift Gebrauch machte, um sich Nebenbuhler vom Halse zu schaffen. Ringelnatz, der damals einer der genialsten Dichter Deutschlands war, hielt ‚La Paloma' für das beste Musikstück der Welt und Chaplin als Shakespeare, was Heinrich George veranlaßte, sich aus Protest so hart auf einen meiner bedauernswerten Stühle fallen zu lassen, daß er durch den Sitz brach."
Im September 1936 war Asta Nielsen zum letzten Mal auf Hiddensee. Weil sie sich nicht vor den Karren der faschistischen Kulturpolitik

spannen lassen wollte, verließ sie Deutschland für immer und kehrte nach Dänemark zurück.

Niemeier, Nikolaus
(1876 –1925)

Nikolaus Niemeier war Kunstmaler und hatte in Vitte am Norderende ein Haus. Im Winter 1921/22 während der Amtszeit des Pastors Arnold Gustavs, malte er u. a. die Inselkirche unentgeltlich aus. Das damals von ihm entworfene und auch ausgeführte Rosenmuster im Tonnengewölbe wurde bei der Renovierung im Jahre 1965 aufgefrischt.
Niemeier schrieb auch Gedichte. Seinem 1925 erschienenen Gedichtbändchen „De Sternseier" sind folgende Zeilen entnommen:

No Hiddensee

Hett di de Welt wat dohn
un dä di weh,
un will di nich verstohn,
denn pack din Leed un Krohm
un goh no Hiddensee,
do warst du licht un free

Nieny, Eduard
(genaue Lebensdaten unbekannt)

Nieny lebte als Historien- und Porträtmaler um 1850 in Stralsund. Ein Malergesellen-Prüfbuch vermerkt, daß er im Jahre 1846 seine Lehre beendet hat. Weitere Lebensdaten sind uns leider nicht überliefert.
Mit seinem Gemälde „Norderende in Vitte" (1860) hinterließ er uns ein einmaliges Zeugnis über die Bauweise und die Lebensweise der Inselbewohner in der 2. Hälfte des 19. Jahrhunderts. Er stellt nicht nur das

Schilfgedecktes Fischerhaus in Vitte

Äußere der für diese Zeit typischen Rauchkaten dar (siehe Rauchkaten), sondern überliefert uns auch eine präzise Darstellung von Fischereigeräten und anderen Gerätschaften, die in den Familien Verwendung fanden. Eine Kopie des Gemäldes ist im Heimatmuseum Hiddensee zu sehen.

Ökelnamen

Die Anwendung von Ökelnamen (Spitz-, Spottnamen) bereichert wohl in allen Dorfgemeinschaften das Zusammenleben der Menschen im ländlichen Raum.

Auf Hiddensee allerdings ist der Gebrauch der Ökelnamen oft sogar eine Notwendigkeit: Man brauchte Unterscheidungsmerkmale, da eine Reihe von Familiennamen seit eh und je nicht nur in allen Ortsteilen, sondern zum Teil in einem Ortsteil vielfach auftreten. Hat ein Urlauber z. B. ein Ferienquartier bei einem Herrn Gau in Vitte ohne Angabe von Straße und Hausnummer gebucht, ist er in der Regel völlig hilflos, denn die Anzahl der Herren Gau in Vitte ist groß. Da es im 18. und 19. Jahrhundert dazu weit verbreitet war, den Söhnen die Vornamen des Vaters oder Großvaters zu geben, gab es z. B. im Jahre 1930 allein in Vitte den Namen Hermann Gau in acht Familien, und noch 1988 taucht der Name Erich Gau dreimal in der Mitgliederaufstellung der Hiddenseer Fischerei-Produktionsgenossenschaft auf. Es ist nicht auszudenken, zu welchen Verwechslungen es gekommen sein mag oder es hätte kommen können, wenn es nicht die Ökelnamen gäbe.

Bei der jeweiligen Erfindung eines Ökelnamen war und ist es wichtig, einen Bezugspunkt zu finden, der eben nur auf d i e s e Person zutrifft. So weiß z. B. auch jetzt noch jeder Hiddenseer, wer gemeint ist, wenn von Fährheinrich oder Fährhermann die Rede ist.

Während auch heute der Gebrauch der Ökelnamen zur Bezeichnung einer Person durchaus üblich ist und sogar ständig neue Ökelnamen entstehen, ist der Brauch, auch die Boote der Fischer mit Ökelnamen zu versehen, weitestgehend ausgestorben.

Wie ein Fischerboot zu dem Namen „Kaohlkopp" (Kahlkopf) gekommen ist, wird so beschrieben: „Holen sich da eines Tages vier Fischer ein neues Boot aus Stralsund. Unterwegs meint der Steuermann: ‚Je, wi will'n dat Boot man gliks döpen, süs krigt dat nahstens wedder so'n dömlichen Naomen!' Nach langem Hin und Her kommt man zu dem Resultat, es ‚Hästers' (Elster) zu nennen, ‚denn hebb'n wi in Vitt ne Kreih (Krähe) un uck'n Häster', meint einer von ihnen. Sie freuen sich nun, daß sie ihrem Boot einen so wenig anstößigen Namen gegeben haben, und als sie in der Nähe der Fährinsel bei den Marachern (Ökelname für eine Garnpartie der Fischer; marachen = schwer arbeiten) vorübersegeln, wollen sie ihn auch gleich populär machen, deshalb rufen sie, die Mütze schwenkend: ‚Hurrah, nu kümmt dei Häster!' Die Garnzieher halten im Zuge inne, und ein Witzbold ruft, auf die Glatze des Steuermannes hindeutend, laut zurück: ‚Ach wat, Häster, dei Kaohlkopp kümmt!' Das Boot heißt noch heute ‚Kaohlkopp'" (Segebrecht, F. W., 1912).

Pflanzenwelt

Die Pflanzenwelt der Insel Hiddensee ist bemerkenswert vielfältig, da auf engbegrenztem Raum von nur knapp 19 km^2 die Vegetationsformen Wald, Wiese, Heide, Moor, Strand und Düne anzutreffen sind. Etwa 650 verschiedene Blütenpflanzen, 80 Moose und ebensoviele Flechten wurden auf der Insel festgestellt.

Ein für das Landschaftsbild Hiddensees charakteristischer Strauch ist der Sanddorn, den wir am Kliffrand, in Schluchten, an der Steilküste ebenso finden wie am Bessin.

Auf Dünen und in Dünentälern ist die Stranddistel zu finden. Ihr Bestand ist stark gefährdet, da die dekorativ wirkende Pflanze allzugern von Hiddenseebesuchern als Andenken mit nach Hause genommen wurde. Die Pflanze steht unter strengstem Naturschutz!

Das gilt auch für den Meerkohl, eine an der deutschen Ostseeküste selten gewordene Strandpflanze. Auf Hiddensee hat ihr Bestand u. a. durch nötig gewordene Küstenschutzmaßnahmen stark abgenommen, z. B. durch das Aufspülen der Düne am Außenstrand.

Eine Rarität der Inselflora stellen der Rundblättrige und der Mittlere Sonnentau dar, den der Naturliebhaber hier noch entdecken können. Auch diese Pflanzen sind streng geschützt!

Das Heidegebiet zieht besonders im Sommer Naturfreunde in ihren Bann: die durch ihr Dünenrelief beeindruckende Heidelandschaft wird von Zwergsträuchern wie der Besenheide, auch einfach Heidekraut genannt, der Krähenbeere und der in etwas feuchteren Senken wachsenden Glockenheide gebildet.

Auf dem nicht mit Wald bewachsenen Hügelland des Dornbusch sind neben dem Sanddorn große Bestände von Ginster, Hunds- und Weinrose zu finden.

Für die weitflächigen Magerrasen des Hügellandes sind u. v. a. Thymian, Sand-Strohblume, Hügelerdbeere, Heidenelke und Golddistel charakteristisch. Im Sommer bilden die blühenden Grasnelken, die Labkräuter, die blauen Blüten von Natterkopf und Ochsenzunge zusammen mit den imposanten Königskerzen einen bunten Teppich.

*Blühende Wiesen auf dem Dornbusch (oben), Rundblättrige Glockenblume
(unten links) und Grasnelke (unten rechts)*

Sand-Strohblume im Hügelland (oben), Breitblättriges Knabenkraut (unten links) und Schuppenwurz mit einer Schnirkelschnecke (unten rechts)

*Windflüchter an der Steilküste (oben), Stranddistel (unten links) und
Mittlerer Sonnentau (unten rechts)*

Rauchkaten

Die Beschaffenheit der Hiddenseer Rauchkaten schildern Johann Friedrich Zöllner und Johann Jacob Grümbke in ihren Reiseberichten. „Hierher muß man gehen, wenn man sich einen lebhaften Begriff von der Baukunst in ihrer ersten Kindheit machen will; wenigstens habe ich sonst noch nirgend als hier Häuser von Torf gesehen. Nur wenige Häuser sind ordentlich mit hölzernem Fachwerk aufgeführt... Ein Teil der Wand ist von Feldsteinen aufgemauert, ein anderes ist Fachwerk, das übrige ist von Torf..." (Zöllner, J. F., 1797).

„Die meisten Häuser des Dorfes Vitte sind elend gebauet...und dennoch haben die krüppelhaften Gestalten dieser Hütten mit ihren Bekleidungen von Seegras, ihrem Gemäuer aus Torf oder Feldsteinen und ihren kleinen Kucklöchern, die zuweilen aus geborgenen Schiffsfenstern bestehen, zum Teil etwas Pittoreskes..." (Grümbke, J. J., 1805).

Die Häuser, die hier beschrieben wurden, waren die sogenannten Rauchkaten, schornsteinlose Fischer- oder Bauernkaten. Der Rauch des offenen Herdfeuers wurde mittels einer darüber angebrachten Haube (Glokke) in den Dachraum geleitet, wo es sich durch Ritzen und Löcher einen Weg nach draußen suchen mußte. Auf diesem Wege verteilte sich der Rauch ausgiebig auch im übrigen Haus.

Noch einmal soll Zöllners Bericht (1797) zu Wort kommen: „Die Küche war dergestalt voll Rauch, daß wir kein Auge darin öffnen konnten. Das müsse so sein, sagte der Bauer, um Schinken, Fische und Netze zu räuchern."

Eine einzigartige Darstellung des Äußeren solcher Rauchkaten verdanken wir dem Maler Eduard Nieny mit seinem 1860 entstandenen Gemälde vom Norderende in Vitte. Bei dem bisher größten Sturmhochwasser an der Ostseeküste 1872 wurden die meisten Rauchkaten ein Opfer der Fluten. Heute gibt es auf Hiddensee nur noch eine Rauchkate in Vitte, die allerdings durch eine Reihe von Umbauten kaum noch als echt zu bezeichnen ist.

Häuserzeile in Neuendorf

Auf den Salzwiesen des Gellen weiden Rinder

Insel Hiddensee

Kühe weiden bis zum Rande
Großer Tümpel, wo im Röhricht
Kiebitz ostert. Nackt im Sande
Purzeln Menschen selig töricht.
Und des Leuchtturms Strahlen segnen
Eine freundliche Gesundheit.

Andrerseits: Vor steiler Küste
Stürmen Wellen an und fliehen.
Nach dem hohen Walde ziehen
Butterbrote und Gelüste.

Fischerhütten, schöne Villen
Grüßen sich vernünftig freundlich.
Steht ein Häuschen in der Mitte,
Rund und rührend zum Verlieben.
,Karusel' steht angeschrieben.
Dieses Häuschen zählt zu Vitte.

Asta Nielsen – Grischa Chmara,
Unsre Dänin und der Russe.

Auf dem Schaukelpolster wiegen
Sich zwei Künstler deutsch umschlungen.

Gar kein Schutzmann kommt gesprungen.
Doch im Bernstein träumen Fliegen.

Um die Insel rudern, dampfen,
Treiben, kämpfen Boote, Bötchen

Joachim Ringelnatz.

97

Ringelnatz, Joachim
(1883 –1934)

Der Dichter und Kabarettist Joachim Ringelnatz, der eigentlich Hans Bötticher hieß und in dessen Versen sich hinter manchmal groteskem Unsinn eine besondere Empfindsamkeit versteckt, war in seinen Ferien gern und oft auf Hiddensee. Er war dann, meistens zusammen mit seiner Frau, Gast bei Asta Nielsen in ihrem Sommerhaus in Vitte, in dem bereits erwähnten „Karusel". In ihrem Erinnerungsbuch „Die schweigende Muse" setzt sie Ringelnatz ein freundschaftliches Denkmal: „Er war kein Rezitator im eigentlichen Sinne des Wortes, aber die Stimmung, die seine Person ausstrahlte, und das verschleierte, eintönige Organ, das in sonderbarem, singendem Rhythmus seine genialen Verse aufsagte . . . waren von solcher Wirkung, daß sie die Zuhörer – wohlgemerkt diejenigen, die ihn verstanden – in Ekstase versetzten. Ringelnatz hatte in seinem Leben fast alles gemacht, aber am meisten war er wohl zur See gefahren. Seine berühmteste Gedichtsammlung war ‚Kuddel Daddeldu'. Sie handelt von dem Matrosen, der in den Häfen an Land geht und seine Mädchen besucht ... Im übrigen säuft er sich sternhagelvoll. Kuddel Daddeldus Dichter trug seine oft makabren Gedichte gleichfalls keineswegs immer in nüchternem Zustand vor, und was sein Privatleben in dieser Hinsicht bot, läßt man besser unberührt . . . Seine Ansichten waren verblüffend wertlos und sein Geschmack so primitiv, daß man oft an seiner Echtheit zweifelte. Aber wir liebten ihn über alle Maßen . . .".

Rugier und Ranen

Wer sich intensiver mit der Geschichte Hiddensees und damit auch Rügens beschäftigt, stößt sehr bald auf die Bezeichnung für die frühgeschichtlichen Bewohner dieser Inseln, die Rugier und die Ranen. Da letztere auch unter der Bezeichnung Rujani oder Ruyani in der Literatur erscheinen, ist eine Verwechslung dieser beiden sehr unterschiedlichen Volksstämme leicht möglich.

Die Rugier waren die Germanen, die schon vor der Zeitenwende unser Gebiet bewohnten und dann um und nach 400 u. Z. unter dem Druck der Völkerwanderung Rügen und das angrenzende Küstengebiet nach und nach freigaben.

Die Ranen waren die Wenden (Slawen), die dann langsam nachrückten und bis zum Fall der Wendenburg Arkona im Jahr 1168 Rügen und Hiddensee allein beherrschten. Danach waren die wendischen Fürsten auf Rügen Vasallen des dänischen Königs, dem sie den Treueeid leisten mußten.

Wahrscheinlich haben die Ranen die Stammesbezeichnung der Rugier sprachlich übernommen, wobei durch das bei den Slawen weich ausgesprochene „g" und die Endsilbe „ni" das Wort „Rujani" entstand.

Sagen

Zu den noch heute auf Hiddensee erzählten Sagen gehören auch verschiedene Fassungen der Sage von der Entstehung der Insel:

„Als die Mönche von Corvei im neunten Jahrhundert die heidnischen Rügianer zum christlichen Glauben bekehren wollten, reiste einer von den Missionaren auch nach Hiddensee und bat am späten Abend um Einlaß und Aufnahme. Die Eigentümerin aber wies ihn als einen Bettler trotzig und mit harten Worten zurück, worauf er sich an eine arme Nachbarin wendete, bei welcher er sogleich Herberge und Verpflegung erhielt. Am folgenden Morgen dankte er der armen Witwe dafür und schied von ihr mit den Worten: ‚Ich habe nicht Gold und Silber, um dir die Bewirtung zu bezahlen, allein dein erstes Geschäft an diesem Tag soll dir gesegnet sein!' Auf diese Worte nicht weiter achtend, fing sie ein Stück selbstbereiteter Leinwand zu messen an. Hiermit wollte es aber gar kein Ende nehmen, sondern sie maß und maß den ganzen Tag hindurch, bis die Sonne unterging, und bekam so ihr ganzes Haus voll Leinwand. Nun erinnerte sie sich der Worte des Apostels und entdeckte den Grund ihres Glückes der neidischen Nachbarin. Diese merkte sich die Worte genau und nahm den Missionar, der eine ganze Zeit darauf wieder an ihre Tür klopfte, mit der größten Bereitwilligkeit auf. Nachdem der Gast dann am Morgen mit den ihr bekannten Worten geschieden war, beschloß sie sogleich, den im Spartopf gesammelten Mammon zu zählen. Durch einen Antrieb der Natur, den sie nicht zu den Geschäften rechnete, wurde sie genötigt, vorher hinauszugehen, aber augenblicklich äußerte die Segensformel des heiligen Mannes ihre Kraft und Wirksamkeit, und zwar so anhaltend, daß davon das Land überschwemmt und von Rügen abgelöst wurde" (Haas, A., 1922).

Eine weitere Version dieser Sage nennt die hartherzige und neidische Frau „Mutter Hidden" und liefert damit sogleich den Stoff für eine Sage von der Entstehung des Namens für die Insel Hiddensee.

Ein besonderes Ereignis in der Geschichte der Insel war die Auflösung des Zisterzienserklosters im Jahre 1236 (siehe Zisterzienserkloster). Die Sage bemächtigte sich natürlich der Frage über den Verbleib der doch ganz sicher vorhanden gewesenen Klosterschätze:

„Es wird erzehlet, daß ein Hiddenseescher Schiffer nach Hispanien gesegelt, und wie er von einem Mann gefraget worden: was er für ein Landsmann wäre? Da hätte er geantwortet: Er höret auf Hiddensee, in der Insel Rügen, zu Haus, worauf der andere versetzet: Er müsse wissen, daß an dem Orte, wo vor diesem das Kloster gestanden, große Schätze vergraben lägen" (Wackenroder, E. H., 1730). „Die Hiddenseer Mönche sollen ihre Schätze in einem alten Steinhügelgrabe verborgen haben, bevor sie das Kloster räumten und in dem Kloster Roeskild auf Seeland ein Unterkommen fanden. Von hier aus sollen dann zwei Mönche nach Hiddensee zurückgekehrt sein und die Schätze aus dem Hünengrabe hervorgeholt haben" (Haas, A., 1922).

Eine weitere Sage über den Verbleib der Klosterschätze ist unter dem Stichwort „Aschkoben" zu finden.

Natürlich hat auch Klaus Störtebeker auf Hiddensee einen Schlupfwinkel gehabt: „In der ‚Hucke', einem schroff abfallenden kleinen Vorgebirge am Strand von Kloster, befindet sich eine im Frühjahr 1922 zum größten Teil eingestürzte Höhle, die Störtebekerhöhle. Man erzählt, daß der berühmt-berüchtigte Seeräuber sich lange Zeit hier aufgehalten haben soll" (Findeisen, H., 1925).

Einen breiten Raum nehmen in der Sagenwelt der Insel Rügen die Riesensagen und die Sagen von Unterirdischen (in anderen Landstrichen würden sie wohl Zwerge genannt) ein.

Auf der kleinen Insel Hiddensee hat ein Riese keinen Platz gefunden, dafür aber die kleinen Unterirdischen, die auch hier ihr Wesen trieben, bis die Menschen ihnen den Aufenthalt auf Hiddensee vergällt haben: „In Vitte haben die Unterirdischen gehaust. Unter den Häusern hatten sie ihr Reich und gruben nach Schätzen. Aber die Vitter wußten das nicht, bis eines Abends ein kleines Männlein zu dem Fischer Schall kam und ihn bat, sie möchten doch ihre Kuh woanders hinbringen, denn gerade unter seinem Kuhstall sei ihre Tafel, und wenn die Kuh ihr Geschäft verrichte, so käme ihnen das immer auf den Tisch; auch sollten sie nicht immer Kreuze auf das Brot machen, denn dann könnten sie es nicht essen und müßten von Hiddensee wegziehen. Die Leute hatten die Worte des Zwerges, der ganz treuherzig aussah, ruhig mit angehört; jetzt aber riefen sie ihre Nachbarn herbei und erzählten ihnen, daß die Zwerge von ihrem Brot äßen. ‚Dann brauchen wir uns nicht zu wundern, wenn es so schnell alle wird!' Und dann schimpften sie auf die Unterirdischen, die gar nichts bei ihnen zu suchen hätten, und machten von nun an noch mehr Kreuze auf das Brot; auch die Kuh ließen sie in dem Stall, damit die Zwerge sich ärgern sollten. Einige Zeit war vergangen, da klopfte es eines Abends an die Tür des Fährhauses auf der Fährinsel. Der Fährmann, der schon geschlafen hatte, öffnete und sah da einen Zwerg stehen, der prächtig gekleidet war, einen langen weißen Bart hatte und eine Krone auf dem Kopfe trug. Der sagte zu dem erstaunten Mann: ‚Guten Abend, Fährmann. Ich bin der Zwergkönig, und wenn du mir eine Bitte erfüllst, so wirst du reich belohnt werden. Wir sind sehr viele, und du sollst uns nach Rügen, nach dem Seehof, übersetzen. Du wirst aber nichts sehen, sondern nur hören.' Der Fährmann war damit einverstanden und weckte seine Frau, damit sie ihm helfen möchte. Der Fährmann konnte nichts sehen, sondern hörte nur das Trappen, wenn die Zwerge in das Boot stiegen. Er fuhr hinüber zum Seehof und wieder zurück, und die Zwerge wollten nicht weniger werden; die ganze Nacht fuhr er hin und her. Als sich schon ein schwacher Lichtschimmer im Osten zeigte, brachte er die letzten Unterirdischen von Hiddensee nach Rügen, und als sie drüben waren, sagte eine Stimme zu der Frau des Fährmanns: ‚Macht Eure Schürze auf, hier ist Euer Lohn', und dabei wurde der Frau etwas Gelbes und Glänzendes in die Schürze geschüttet. Aber die Frau glaubte, es sei Pferdedung und die Zwerge wollten sie nur foppen. Schimpfend schüttete sie deshalb den Inhalt ihrer Schürze ins Wasser, doch einiges davon fiel in das Boot, und das klang wie schweres Metall, und als sie nachsah, da lagen ein paar schöne, runde Goldstücke auf dem Boden ihres Kahnes. Sie hatte also die ganze Schürze voll Gold in das Wasser geworfen, aber soviel sie sich auch mühte, etwas davon wieder zu bekommen, so waren ihre Anstrengungen doch umsonst, und sie hat nie wieder etwas von dem Goldschatze zu sehen bekommen" (Findeisen, H., 1925).

Saxo Grammaticus
(1150 –1220)

Der dänische Historiker Saxo Grammaticus nahm in seiner Jugendzeit als Schreiber des Bischofs Absalon von Roskilde im Jahre 1168 am Feldzug der Dänen gegen die heidnischen Wenden der Insel Rügen teil, der zur Eroberung der Tempelfeste Arkona führte.

In seiner „Historia Danica" schildert er später diesen für die Dänen erfolgreichen Feldzug und berichtet über die beginnende Christianisierung Rügens.

Da sich die dänischen Schiffe vor ihrem Einsatz gegen Rügen an der Westküste Hiddensees sammelten, um hier einen günstigen Zeitpunkt für den geplanten Angriff abzuwarten, war dem Saxo Grammaticus die Insel nicht unbekannt, und so finden wir in seinem Bericht die erste schriftliche Erwähnung der Insel Hiddensee als „Insula Hithini", die Insel des Hithin.

Schluck, Johann Karl
(1825 – 1908)

Auch unter den Hiddenseern hat es zu jeder Zeit Menschen gegeben, die sich durch eigenwillige und originelle Ideen einen Namen gemacht haben. Wurden diese Ideen dazu noch in Taten umgesetzt, war schnell ein Held geboren, dessen Heldentaten von Generation zu Generation überliefert werden.

Ein Hiddenseer Held dieser Art war Johann Karl Schluck, der noch heute als „Jan Korl" bei älteren Insulanern im Gespräch ist. Im November 1872 hatte das bis heute schwerste Sturmhochwasser an der Ostseeküste auch auf Hiddensee ein Bild der Verwüstung hinterlassen: Das Flachland war überspült, Neuendorf und Vitte standen unter Wasser, die Lehmwände der Häuser stürzten ein, die Boote der Fischer waren abgetrieben oder beschädigt. Hilfe tat not und schien doch auszubleiben. Die Vitter ergriffen selbst die Initiative und beschlossen, unter Wortführung von Jan Korl eine Abordnung zum Kaiser nach Berlin zu schicken.

Der Lehrer Segebrecht aus Vitte beschreibt den Hergang der Ereignisse wie folgt: „Darf man sich wundern, wenn nach der ausgestandenen Angst die Bewohner von Vitte den kühnen Plan ersannen, ihr liebes Dörfchen zu verlassen, um sich zwischen Kloster und Grieben . . . neu anzusiedeln? So machte sich denn der im Jahre 1908 im Alter von 83 Jahren verstorbene ehemalige Dorfschulze Johann Karl Schluck, ein Mann, dessen Charakterkopf mit den festen Zügen und dem dichten weißen Haar von manchem Maler festgehalten worden ist, mit noch zwei Fischern auf nach Berlin, um eine Audienz beim Kaiser nachzusuchen. Infolge einflußreicher Fürsprache wurde ihnen dieselbe gewährt. Nur der ‚alte Herr' selbst war nicht zu sprechen. Der Kronprinz Friedrich empfing die drei Fischer. Das enttäuschte unsere biederen Hiddensoer zunächst etwas, und einer wagte einzuwenden: ‚Je! Wi wull'n eigentlich den Ollen spräken!' Der Kronprinz lachte und unterhielt sich mit ihnen in seiner leutseligen Art auf gut plattdeutsch. Er meinte freilich, als die Deputation ihren kühnen Plan entwickelte: ‚Kinnings, dat kann wol nicks warden!' Doch versprach er reichliche Unterstützung zur Ausbesserung der gehabten Schäden an

Haus und Boot ... Zutraulich verabschiedete sich Johann Karl Schluck schließlich mit den Worten: ‚Na, denn stell'n Sei Vaddern dat man ordentlich vör!'" (Segebrecht, F. W., 1912).

Schüddel de Büx

Dieser an der Ostseeküste weithin bekannte Volkstanz wurde auch auf Hiddensee mit Begeisterung getanzt – ebenso der „Kegel" und die „Schwedische Quadrille". Zu diesen Tänzen, die auf Hiddensee noch bis nach dem zweiten Weltkrieg praktiziert wurden, waren vier bzw. mehrere Paare vonnöten, die den zum Teil komplizierten rhythmischen Bewegungsablauf genau kennen und einhalten mußten. „Schüddel de Büx" wurde von vier Paaren in vier Touren getanzt. Der Gesang des Refrains „Schüddel, schüddel, schüddel de Büx; Danz doch mal en beten fix" wurde beim Tanz durch das Aufstampfen der Füße und durch Schütteln der weiten Beinkleider der Männer betont.

Der Text ist von den Inseln Usedom und Rügen in etwas anderer Form bekannt:

„Schüddel, schüddel, schüddel de Büx
nich tau langsam, nich tau fix.
Sühst du wull, so geiht dat fein.
Dat versäkert jeder ein!"

Schule

Die älteste Nachricht aus Hiddenseer Schulakten liegt uns aus dem Jahre 1788 vor unter der Überschrift „Entwurf dessen, was hiesiger Schulmeister und Küster Jochim Carow . . . zu erhalten hat", also eine Art Lohntabelle. Nachdem der Schulmeister ermahnt wird, „fleißig Schule zu halten", werden ihm als Entlohnung u. a.

„1. Aus Grieben, Neuendorf und Plogshagen von einem jeden Bauern und Pächter $^1/_4$ Scheffel Roggen jährlich in natura;

2. Aus Vitte und von der Fähre von einem jeden Kätner $^1/_2$ Viertel Scheffel Roggen jährlich . . ." neben anderen Einkünften in Aussicht gestellt.

Der einzige Schulunterricht fand zu dieser Zeit in Kloster statt, und sollten Kinder aus den übrigen Dörfern diesen Unterricht besuchen wollen, mußten die Eltern bezahlen: „. . . 3 Schilling Einspringelgeld von denen Griebern, Neuendörfern und Plogshagern, 2 Schilling Einspringelgeld von denen Vittern . . ." Wieviele Kinder am Unterricht teilnahmen, ist nicht überliefert.

Die Entwicklung zu einem geordneten Schulwesen begann erst, als die Insel 1835 aus Privatbesitz in den Besitz des Klosters zum Heiligen Geist Stralsund überging. In Neuendorf-Plogshagen wurde 1837 eine Schule eröffnet. Ihr folgte der Bau eines Schulhauses 1839 in Kloster, das auch von den Kindern aus Grieben, Vitte und von der Fährinsel besucht wurde. Das Schulgebäude in Vitte allerdings konnte erst 1887 fertiggestellt werden. In allen drei Schulhäusern gab es ein Klassenzimmer, in dem alle Kinder aller Jahrgänge gemeinsam unterrichtet wurden: die Einklassenschule und eine Lehrerwohnung.

Seit dem Beginn des 20. Jahrhunderts wurden die Schulen mehrmals um- und ausgebaut. Einerseits stieg die Zahl der Schüler, andererseits bedurfte der nun auch hier eingeführte getrennte Unterricht der Klassen mehr Räumlichkeiten. 1969 und 1974 wurden die Schulen in Kloster und in Neuendorf aufgelöst, der gesamte Schulbetrieb konzentrierte sich seitdem in Vitte. Die Kinder kommen per Fahrrad zur Schule oder werden vom Schulbus befördert.

Seit 1991 gibt es in Vitte eine Realschule mit Haupt- und Grundschulteil. Eine weiterführende schulische Ausbildung ist für die Hiddenseer Kinder z. B. am Gymnasium in Bergen/Rügen möglich.

Schwarzer Peter

Als „Schwarzer Peter" wird eine kleine Ausbuchtung des Schaproder Boddens, südlich von Neuendorf, bezeichnet. Seit wann dieser Name gebräuchlich ist und wie es überhaupt zu dieser Namensgebung kam, ist nicht überliefert.

Am Schwarzen Peter befindet sich die schmalste Stelle der Insel.

Im Jahre 1864 kam es hier infolge eines Sturmhochwassers zu einem Durchbruch der Insel, der erst zwei Jahre später durch den Bau von zwei Dämmen geschlossen werden konnte. Eine erneute Durchbruchsgefahr bestand bei dem schon erwähnten Hochwasser im Jahre 1872. Obwohl die Dämme jetzt ihre Bewährungsprobe bestanden – sie brachen nicht, wurden aber überflutet –, wurde zur zusätzlichen Sicherheit in den Jahren 1875 bis 1878 der gepflasterte Erddamm erbaut, der heute noch am Schwarzen Peter vorhanden ist.

Schwedenhagen

Vom Hafen Kloster erstreckt sich boddenseitig in östlicher Richtung die Erhebung des Schwedenhagen.

„Der Name Schwedenhagen scheint zwar mit Schweden zusammenzuhängen, zumal Hiddensee bis zum Jahre 1815 sogar schwedisch war. Das ist dennoch ein Fehlschluß. Plattdeutsch wird dieser Uferabsturz heute noch ‚Swienhagen‘ genannt, das heißt: Schweinehagen, eine Erinnerung an jene Zeit, da in den Eichenkamp der Insel Schweine in die Mast getrieben wurden, wie es uns die Klosterakten von dem Ritter Andreas aus Schaprode überliefern“ (Gustavs, A., 1952).

Das Schwedenhagener Ufer ist als Naturschutzgebiet ausgewiesen.

Seefahrt

Wenn auch die Fischerei seit Jahrhunderten auf Hiddensee für die meisten Familien die Existenzgrundlage war, so hat doch auch die Seefahrt für die Insel stets ihre Bedeutung gehabt. Wie an allen Küsten zog es auch hier schon immer junge Leute aufs Meer. Im 19. Jahrhundert waren jedoch auch viele junge Männer gezwungen, die Insel zu verlassen und auf dänischen, schwedischen, englischen oder holländischen Schiffen als Matrosen, Jungmänner oder Steuerleute anzuheuern – der Ertrag aus der Fischerei konnte oft nicht die ganze Familie ernähren.

Die Sterberegister der Kirchengemeinde Hiddensee erzählen von vielen Seefahrerschicksalen und davon, daß Hiddenseer Seeleute alle Weltmeere befahren haben. So lesen wir z. B. vom Schicksal des 19jährigen Matrosen Fr. Heinr. Rudolf Claus aus Kloster: er starb in Westindien am 5. Dezember 1852 auf dem Schiff. 16jährig ertrank Joachim Nicl. Ferd. Gau aus Vitte am 27. August 1859 im Atlantik. Der Seefahrer J. Th. Ehrenfried Nehls verstarb am 26. Mai 1860 in Rio de Janeiro am gelben Fieber – er war 23 Jahre alt. Im Mai 1860 kamen der Seefahrer Friedr. J. J. Hübner aus Plogshagen und der Steuermann Jacob Karl Hütteberg aus Neuendorf zusammen mit der gesamten Schiffsbesatzung ums Leben, als das Schiff „an der englischen Küste scheiterte".

Diese Schicksale zeigen auch, daß die Seeleute aus allen Teilen der Insel kamen.

Auch Schiffseigner sind schon früh auf Hiddensee nachzuweisen.

„So vermerken die Zollregister der Dänen, die den Ausgang der Ostsee über Kattegat und Skagerrak in die Nordsee kontrollierten, daß bereits 1599 zwei Hiddenseer Schiffe den Sund durchliefen. 1695 wurden bereits fünf Schiffseigner nachgewiesen, und als dann in der 2. Hälfte des 18. Jahrhunderts die Segelschiffahrt ihre große Zeit hatte, da gab es (bis etwa 1815) fast 40 auf Hiddensee beheimatete Schiffer, die mit ihren relativ kleinen Schiffen nicht nur den gesamten Ostseebereich befuhren, sondern auch englische, französische und spanische Häfen anliefen und sich sogar – in Einzelfällen – bis ins Mittelmeer wagten" (Ebbinghaus, K., 1989).

Seenotrettung

Schon seit der Mitte des 19. Jahrhunderts fanden sich im ganzen Küstenbereich mutige Männer, die sich die Rettung von in Seenot geratenen

Fischern oder Seeleuten auf die Fahnen geschrieben haben: die Mitglieder der Deutschen Gesellschaft zur Rettung Schiffbrüchiger (DGzRS). Schon 1854 wird die Seenotrettungsstation auf Hiddensee urkundlich erwähnt, und bereits 1865 wird die Hiddenseer Station der DGzRS angegliedert.

Das Gebäude der Station in Kloster, in dem sich seit 1954 auch das Heimatmuseum befindet, der sogenannte Rettungsschuppen, wurde 1888 errichtet. Hier fanden das Ruderrettungsboot und der Raketenapparat ihren Platz, um ständig und kurzfristig einsatzbereit zu sein. Die 18 Kameraden der DGzRS-Station Hiddensee haben in den Jahren von 1952 bis 1991 in ihren freiwilligen Einsätzen über 370 Menschen aus Seenot gerettet und konnten bei Schiffsbergungen und ähnlichen Aktionen weiteren 150 Menschen Hilfe bringen.

Für diese Rettungsaktionen steht ihnen heute natürlich ein modern ausgerüstetes Rettungsschiff zur Verfügung, der Rettungskreuzer „Dornbusch", und ein neuer Seenotrettungsschuppen im Vitter Hafengelände wurde im April 1993 eingeweiht.

Die Zahl der Rettungseinsätze hat für die Hiddenseer Station seit 1990 stark zugenommen. Nachdem die unsichtbare Mauer, die seit 1961 auch durch die Ostsee führte, endlich verschwunden ist und statt der Kontrollboote der Grenztruppen viele Segler in den Küstengewässern um Hiddensee zu sehen sind, kommt es jährlich zu über 50 Einsätzen, die meist Seglern oder Surfern in Seenot gelten.

Eine Rettungsaktion ganz besonderer Art galt am 23. August 1993 zwei Entenwalen, die südlich vom Gellen im flachen Küstengewässer vor Hiddensee gestrandet waren und von Rettungsbooten der Deutschen Gesellschaft zur Rettung Schiffbrüchiger freigeschleppt wurden. Es handelte sich um ein 7,88 m langes und 5,8 t schweres weibliches Tier und seinem Walkälbchen. Trotz einer dramatischen Rettungsaktion konnte die Walkuh nur noch tot geborgen werden. Das Tier wurde dem Meereskundemuseum Stralsund zur Präparation übergeben.

Steinzanger

Das Steinzangen war in der 2. Hälfte des 19. Jahrhunderts ein lohnender Nebenerwerb der Hiddenseer Fischer.

Als um 1840 in Vorpommern und auf Rügen feste Landstraßen gebaut wurden, benötigte man dazu Steine, ebenso für spätere Molen- und Uferschutzbauten. Diese Nachfrage wurde durch das sich daraus entwikkelnde Gewerbe der Steinzanger gedeckt, zu dem ein Erlaubnisschein erforderlich war. Gezangt werden durfte im Küstenbereich ab fünf Fuß Wassertiefe.

Bei klarem Wetter wurden die Steine mit Handzangen, an denen sich lange Griffstangen befanden, in Boote gehoben. Größere Zangen, die mit einem am Mast befestigten Flaschenzug betätigt wurden, benutzte man bei schweren Steinen.

Das Steinzangen führte etwa seit 1860 vielfach zu einem Raubbau im küstennahen Bereich, der durch eine zu intensive Steinentnahme seinen natürlichen Schutz verlor. Es gab zahlreiche Beschwerden verantwortlicher Stellen, die bald zu einem Verbot des Steinzangens an bestimmten Küstenpartien und 1906 zu einem generellen Verbot führten.

Zu den letzten 13 rügenschen Steinzangern, die befugt waren, dieses Gewerbe auszuüben, gehörten fünf Hiddenseer Fischer.

Sturmhochwasser

Wenn an der Ostseeküste von einer „Sturmflut" die Rede ist, handelt es sich um ein Sturmhochwasser.

Eine Sturmflut setzt voraus, daß bei einem anhaltenden Orkan aus bestimmter Richtung vor allem der Wechsel von Ebbe und Flut bestimmend mitwirkt, wie wir es z. B. von der Nordsee kennen. Die Auswirkung von Ebbe und Flut in der Ostsee ist so minimal, daß sie sich kaum – oder nur indirekt – beim Wasserstand an unserer Küste bemerkbar macht.

Bei einem Sturmhochwasser an der Ostseeküste werden durch andauernd starke Stürme aus westlicher oder nordwestlicher Richtung, die leicht

Orkanstärke erreichen, Wassermassen aus der Nordsee durch den Skagerrak, den Kattegat, den Belt und den Sund in die Ostsee gedrückt. Im nordöstlichen Teil der Ostsee kommt es zu einem Wasserstau, während die Wassermassen aus der Nordsee weiter nachströmen. Ändert sich jetzt plötzlich die Windrichtung und der Sturm springt auf Nordost um, wird das sich im Bottnischen Meerebusen gestaute Wasser zurückgedrängt und drückt nun mit aller Kraft gegen die westliche Ostseeküste. Die engen Verbindungswege zwischen Nordsee und Ostsee, Belt und Sund, lassen einen schnellen Rückfluß der Wassermassen nicht zu – so steigt der Wasserstand schnell, oft mehrere Meter, und kann schwerste Schäden im Küstengebiet hinterlassen.

Übersteigt der Wasserstand 1,50 m über NN spricht man von einem schweren Sturmhochwasser. Für Hiddensee bedeutet das auch, neben den üblichen Sturmschäden wie entwurzelte Bäume und beschädigte Dächer, daß der Angriff der schweren Brandung zu erheblichen Abbrüchen an der Steilküste führen kann.

Schon aus dem Jahre 1304 sind Nachrichten über ein Hochwasser im Ostseebereich überliefert. Aber erst seit 1875 werden die Wasserstände regelmäßig von der Deutschen Seewarte in Hamburg registriert.

Obwohl als sturmreichste Monate der Januar und der Oktober gelten, kann man auch in den Sommermonaten schon einmal einen schweren Sturm auf Hiddensee miterleben.

Während die Sturmhochwasser z. B. im Januar 1855, Januar 1858 und Februar 1861 nur geringe Schäden an der Steilküste und im Dünenbereich verursachten, zog das Hochwasser im August 1864 die Insel schwer in Mitleidenschaft und führte sogar zum Durchbruch im Süden der Insel, am Schwarzen Peter.

Die verheerendsten Folgen hatte das Sturmhochwasser am 12. und 13. November 1872, als der Wasserstand an der Hiddenseer Westküste 2,4 m über NN betrug und ein Orkan die Insel verwüstete. In Neuendorf blieben von 57 Häusern nur 4 verschont, und der Durchbruch von 1864 wurde auf eine Tiefe von 6 m ausgespült (siehe Küstenschutz, Schluck, J. K.).

Am 14. Januar 1993 tobte der schwerste Orkan seit 40 Jahren mit Windspitzen von 165,6 km/h über Rügen und Hiddensee. Er hinterließ

umgestürzte Bäume, verursachte Schäden an Gebäuden, und es kam
erneut zu Abbrüchen an der Steilküste von Hiddensee.

Swanti

Der Swanti, auch als „Swantiberg" bekannt, erhebt sich mit einer Höhe
von etwa 72 m direkt an der Steilküste. Vielen Hiddenseebesuchern ist er
besonders durch die große Anzahl von Nisthöhlen der Uferschwalben
bekannt, die in seiner Steilwand brüten.
Die Deutung dieser Geländebezeichnung weist auf das slawische Wort
„swanti" = heilig hin. Ob sich in der Nähe des Swantiberges allerdings ein
slawisches Heiligtum befand, wie es in älteren Beschreibungen der Insel
Hiddensee immer wieder vermutet wird, ist durch keine Urkunde oder
Karte belegt.

Toter Kerl

Als „Toter Kerl" wird ein Steilküstenabschnitt im Norden der Insel
bezeichnet. „Auf vielen alten und auch auf neueren Karten ist die Stelle
falsch lokalisiert. Entsprechend einer diesbezüglichen Umfrage bei alten
Hiddenseer befindet sich der ‚Tote Kerl' nicht nordöstlich vom Swanti,
sondern zwischen dem ‚Klausner' und dem Swanti an der Steilküste in der
Nähe des Leuchtfeuergehöftes" (Ebbinghaus, K., 1989).
Über den Ursprung dieses – nicht alltäglichen – Flurnamens gibt es keine
Erkenntnisse.
Die bei Hans Findeisen als Sage deklarierte Erklärung: „Am Nordstrand
von Hiddensee gibt es eine Stelle, die ‚Toter Kerl' genannt wird. Hier soll
vor Jahren einmal ein Seemann angespült worden sein, der bei einem
Schiffbruch umgekommen war" (Findeisen, K., 1925) – findet in keiner
anderen schriftlichen Überlieferung eine Bestätigung.

Tracht

Wenn auch in der älteren Hiddenseeliteratur von einer inseleigenen
Tracht gesprochen wird, und wenn Alfred Haas in seiner „Rügenschen
Volkskunde" (1920) diese sogar mit der bekannten Mönchguter Tracht
gleichsetzt, so fehlt diesen Darstellungen jedoch der konkrete Nachweis.
Jedenfalls ist bis heute eine Hiddenseer Tracht weder im Original, noch
als Bild oder exakte Beschreibung überliefert.

Pastor Düwell, der von 1820 bis 1824 auf Hiddensee tätig war, berichtet
im Memorialabilienbuch der Pfarrstelle: „Eine Landestracht findet sich
hier nicht, und die der Männer gleicht der der Seeleute überall . . .".

Johann Jacob Grümbke gibt eine genaue Beschreibung dieser an der
Küste verbreiteten Männerkleidung: „Die Kleidung der Männer besteht
aus einer Matrosenjacke, gewöhnlich von eigengemachtem gestreiftem
Zeuge, welches Warp oder Ziegöth genannt und auch überall auf Rügen
vom geringen Manne getragen wird, und weiten leinenen Schifferhosen.
Im Sommer gehen sie meistens barfuß oder tragen plumpe Pantoffeln mit
hölzernen Sohlen" (Grümbke, J. J., 1805).

Friedrich Wilhelm Segebrecht ergänzt 1912, daß die Männer „die kleine
Fischermütze mit der Troddel" tragen. Das Aussehen der Schifferhose
(von anderen auch Fischerhose genannt) schildert Johann Friedrich Zöllner genauer: „Die weißleinenen Beinkleider der Männer gehen über
beide Schenkel in eins und hängen wie ein Sack über die Knie herab."
Über die Kleidung der Hiddenseer Frauen berichtet er: „An dem Anzuge
der Frauenspersonen bemerkte ich nichts Auffallendes, als daß sie alle
Hüte trugen, die mit Wachsleinwand oder Etamin überzogen waren und
eine hübsche Form hatten" (Zöllner, J. F., 1797).

Es ist wahrscheinlich, daß die erwähnten Hüte der Frauen mit den
sogenannten Helgoländer Hauben identisch waren, die von einigen Hiddenseer Frauen noch nach dem Zweiten Weltkrieg, vor allem während der
Heuernte, getragen wurden.

Die Fischermütze mit dem Troddel – die sogenannte Töppelmütze –
erlebte um 1970 eine vorübergehende Neuauflage, die allerdings weniger
von den Hiddenseer selbst als vielmehr von den Urlaubern forciert wurde.

Trinkwasser

Eine oft gestellte Frage der Hiddenseebesucher ist die nach der Versorgung mit Trinkwasser und seiner Qualität. Das Trinkwasser wird auf Hiddensee aus einer mehr als 10 m unter dem Meeresspiegel liegenden wasserführenden Schicht im pleistozänen Kern des Dornbusch gewonnen. Zum Trinkwassereinzugsgebiet gehören die größten Teile des Dornbusch, einschließlich der Ortslagen Kloster und Grieben. Vom kleinen Wasserwerk auf dem Schwedenhagen (seit 1969 in Betrieb) wird das aufbereitete Trinkwasser in einen 600 m^3 fassenden Speicher auf den Dornbusch gepumpt. Von hier aus erfolgt dann die Verteilung in alle Ortslagen der Insel. Dem Hiddenseer Trinkwasser wird eine sehr gute Qualität bescheinigt.

Das Wasserdargebot auf der kleinen Insel ist natürlich sehr begrenzt, so daß es bei einer zu starken Belastung der Brunnen zu Salzwassereinbrüchen kommen kann. Der sparsamste Umgang mit dem Trinkwasser muß deshalb oberstes Gebot sein.

Trog

Der Bodden zwischen der Fährinsel und Rügen (Seehof) – der „Trog" genannt – ist mit einer Breite von 1200 m die kürzeste Verbindung zwischen den beiden Inseln. In besonders kalten Wintern, die die Boddengewässer um Hiddensee schon einmal mit einer dicken Eisdecke versehen können, werden Mutige, die diesen kürzesten Weg über das Eis von Rügen nach Hiddensee oder in umgekehrter Richtung ausprobieren wollen, vor dem Trog gewarnt. Bei steigendem oder fallendem Wasserstand (hervorgerufen durch das Einströmen von Ostseewasser in die Boddengewässer oder das Ausfließen von Boddenwasser in die Ostsee) hat der schmale Trog eine düsenartige Wirkung. Der Durchfluß des Wassers verhindert meist die Bildung einer tragenden Eisdecke auf dem Trog.

V

Verkehrsverbindungen

Eine Reise zur Insel Hiddensee war noch über die Mitte des 19. Jahrhunderts hinaus nur mit einem Segelboot möglich, oder es wurde die Fährverbindung über die Fährinsel in Anspruch genommen (siehe Fährinsel). Auch als schon regelmäßige Schiffslinien (wie z. B. Stralsund-Breege/Rügen) an Hiddensee vorbei führten, hatten die Reisenden auf der Höhe der Fährinsel das Abenteuer des An- oder Abbootens zu überstehen, um dann von den Fährleuten an die Insel gerudert zu werden.

Erst nachdem 1887 das Bollwerk in Kloster und in den Jahren 1905 und 1907 die Dampferanlegebrücken in Vitte und Neuendorf entstanden waren, konnten größere Dampfschiffe auf Hiddensee direkt anlegen. Als erstes legte die „Germania" am 17. Juli 1887 in Kloster an. Im Juli 1892 machte der Post- und Salondampfer „Caprivi" in Kloster fest. Dieses Schiff bekam für die Hiddenseer eine besondere Bedeutung. Die Inselbewohner wurden zunehmend mit der durch Stralsunder Privatreeder aufrecht erhaltenen Verkehrsverbindungen unzufrieden, da diese nur in den Sommermonaten an einer regelmäßigen Verbindung interessiert waren. Deshalb kam es 1919 zur Gründung der Genossenschaftsreederei Hiddensee (GRH) auf gemeinnütziger Basis. So waren z. B. fast alle Haushalte des Ortes Vitte von der Gründung an mit Anteilen in der Genossenschaft vertreten. Der erste eigene Dampfer der Genossenschaft war die erwähnte „Caprivi" mit dem Kapitän Robert Gau.

1960 trat die „Weiße Flotte" an die Stelle der Genossenschaftsreederei, die die ganzjährige Verkehrsverbindung und Versorgung der Inselbevölkerung übernahm.

Wenn die Zeiten der Dampfschiffahrt auch längst vorüber sind und der Hiddenseebesucher inzwischen in wenigen Minuten mit einem Taxiboot die Insel erreichen kann, so fahren die meisten Hiddenseer immer noch mit dem „Dampfer" nach Rügen oder Stralsund.

Versteinerungen

Ein beliebtes Ferienvergnügen ist das Suchen und Finden von Versteinerungen am Strand der Insel.

Versteinerungen (Fossilien) sind zu Stein gewordene Überreste von Pflanzen und Tieren der Vorzeit. Die meisten Fossilien, die am Hiddenseer Strand gefunden werden, sind Überreste von versteinerten Lebewesen aus der Kreidezeit und damit etwa 70 Millionen Jahre alt. Am häufigsten werden versteinerte Reste von Belemniten, eines ausgestorbenen tintenfischartigen Meeresbewohners, gefunden, die im Volksmund als „Donnerkeile" bekannt sind (siehe Donnerkeil).

Etwas mehr Glück gehört dazu, einen Seeigel oder eine dickschalige Auster aus der Kreidezeit zu finden.

Ein muschelähnliches Äußeres haben die Brachiopoden. Das sind Armfüßer, die ihren Namen einem stielförmigen Arm verdanken, der aus einer der beiden Schalenhälften hervorragt und den Tieren damit ermöglichte, sich an einem festen Punkt anzusaugen.

Zu den Schwämmen, einer besonderen Gruppe der Versteinerungen, zählt der „Klapperstein". Sein Kern ist ein von Feuerstein umschlossener verkieselter Schwamm, der sich in seiner Umhüllung gelöst hat und klappert. Viel häufiger allerdings findet man Klein-Versteinerungen, die ebenfalls der Kreidezeit zuzurechnen sind, z. B. Kugelschwämme, Seeigelstacheln oder Stielglieder von Seelilien.

Vitte

„Die meisten Häuser des Dorfes Vitte, des größten und volkreichsten der Insel, sind elend gebaut, und eine Sennhütte kann kaum einen armseligeren Anblick geben als einige dieser rohen architektonischen Stümpereien" – so urteilt noch Johann Jacob Grümbke nach einem Besuch der Insel Hiddensee im Jahre 1805.

Inzwischen ist Vitte jedoch längst zum Hauptort der Insel mit etwa 600 Einwohnern geworden. Hier ist der Sitz der Gemeindeverwaltung der

Insel Hiddensee, hier befindet sich die Schule, und hier findet man auch den Inselarzt und die Sparkasse.

„Vitte wird erstmalig 1513 als Ortschaft mit 24 Katen erwähnt, muß jedoch schon wesentlich älter sein, denn mit Sicherheit ist der Ort aus einer der zahlreichen Fitten (auch Vitten) hervorgegangen, wie die unter hansischem Einfluß im 13./14. Jahrhundert im westlichen Ostseeraum entstandenen ‚Fischlegen' genannt wurden. Diese Entwicklung kommt heute noch dadurch zum Ausdruck, daß der Hiddenseer nur von ‚de Vitt' spricht (z. B. ‚Ik go no de Vitt' statt ‚Ik go no Vitt'), womit er unbewußt die ehemalige Funktion des Ortes hervorhebt" (Ebbinghaus, K., 1989) (siehe Fitten).

Vitte ist jahrhundertelang ein typisches Fischerdorf gewesen. Seit der Jahrhundertwende stieg auch die Zahl der Feriengäste in Vitte schnell an, was wesentlich zur wirtschaftlichen Entwicklung des Ortes beitrug. Allerdings veränderte sich gleichzeitig das äußere Bild des alten Fischerdorfes, und so manches alte reedgedeckte Fischerhaus ist in diesem Jahrhundert Hotel- und Pensionsbauten gewichen, die nicht gerade als inseltypisch zu bezeichnen sind.

Vogelzug

Die Bedeutung der Insel Hiddensee für die Vogelwelt wurde schon von pommerschen Ornithologen des 19. Jahrhunderts erkannt. So sind uns Ergebnisse ornithologischer Beobachtungen an der Nordwestküste von Rügen und namentlich auf der Insel Hiddensee bereits aus dem Jahre 1853 schriftlich überliefert.

Da Hiddensee im Kreuzungsbereich der Vogelzug-Leitlinien von Nord nach Süd und von Ost nach West liegt, gehören die Beobachtungen des Vogelzuges im Frühjahr und Herbst zu den nachhaltigsten Erlebnissen des Hiddenseebesuchers. Zu den Zugzeiten orientieren sich die Kleinvögel, besonders vor dem Flug über das große Wasser, an den dem Festland vorgelagerten Landmarken. Eine solche Landmarke stellt der Dornbusch mit seinem dichten Bewuchs dar, hier fallen die Vögel zu Tausenden zur

Rast und Nahrungssuche ein. Als Rast- und Nahrungsplatz für Küstenvögel hat der Geller-Haken mit seinen Flachwassergebieten eine besondere Bedeutung: Tausende von Kranichen, Wasser- und Watvögeln sammeln hier im Frühjahr und Herbst Kräfte für ihre weite Reise zwischen Brutgebiet und Winterquartier. Auch deshalb ist dieser Lebensraum als Kernzone des Nationalparkes für Besucher gesperrt.

Einen besonderen Schutz bedarf der Neue Bessin als Brutgebiet bedrohter Vogelarten. Hier brütet neben Sandregenpfeifer, Austernfischer, Brandgans, Säbelschnäbler und Flußseeschwalbe, noch die vom Aussterben bedrohte Zwergseeschwalbe. Zu den Vogelzugzeiten finden hier viele tausend Watvögel, Enten und Gänse ihren Nahrungs- und Rastplatz. Während in den Vogelzugzeiten die Beobachtung des Zuges von Hunderttausenden Kleinvögeln meist nur dem Besitzer eines Fernglases vorbehalten bleibt, ist der mit bloßem Auge zu erlebende Zug der Kraniche in seinen artspezifischen Formationen, begleitet vom Trompeten dieser eindrucksvollen Vögel, eine bleibende Erinnerung an einen Aufenthalt auf Hiddensee. Ein ganz besonderes Erlebnis ist der Anflug Zehntausender Gänse, unter denen Graugänse, Kanadagänse, Bleßgänse und Saatgänse in großer Zahl auszumachen sind, um in den Flachwassergebieten Hiddensees zu rasten, bevor sie ihre weite Reise fortsetzen.

Die Bedeutung Hiddensees als Rastgebiet der Zugvögel und als Brutgebiet vieler Vogelarten wurde 1931 durch die Einrichtung eines festen ornithologischen Beobachtungspunktes im Rahmen eines „Greifswald-Rügenschen Beobachternetzes zur Untersuchung des Vogelzuges" manifestiert. Aus dieser Station entwickelte sich 1935 die Ornithologische Abteilung der Biologischen Forschungsanstalt Hiddensee, die 1936 als dritte deutsche Vogelwarte offiziell als „Vogelwarte Hiddensee" anerkannt wurde.

Windflüchter

Wie an der gesamten Ostseeküste sind die sogenannten Windflüchter auch auf Hiddensee beliebte Objekte für Fotografen und Maler, vor allem dann, wenn an ihnen vorbei der Blick an der Küste entlang oder sogar über die Insel hinweg möglich ist.

Diese Windflüchter sind einzelne oder in lichten Gruppen stehende Bäume – auf Hiddensee vor allem hochstämmige Kiefern –, die durch den hier vorherrschenden Westwind in die dem Wind entgegengesetzte Richtung gewachsen sind.

Wissenschaft

Schon vor über 50 Jahren erkannten Ornithologen, Zoologen und Botaniker, daß die Insel mit ihrer Pflanzenvielfalt und der interessanten Flora in den Boddengewässern, durch die Lage im Kreuzungsbereich wichtiger Vogelzug-Leitlinien und als Brut- und Rastplatz vieler Vogelarten hervorragende Voraussetzungen zur wissenschaftlichen Arbeit bietet. Die Etablierung ortsansässiger wissenschaftlicher Institute begann 1930 mit der Gründung der Biologischen Forschungsanstalt Hiddensee. Die Eigentümerin dieser Forschungseinrichtung war bis zum Ende des Zweiten Weltkrieges die Gesellschaft von Freunden und Förderern der Universität Greifswald. Ihr erster Leiter war Professor Dr. Erich Leick. Ihre Forschungsgebiete waren die experimentelle Standortforschung, die Kleinklimaforschung, die hydrobiologische Forschung und die ornithologische Forschung. Seit 1947 wurde die Forschungsanstalt von der Universität als eigene Einrichtung weitergeführt.

Aus der Ornithologischen Abteilung der Station ging die dritte deutsche Vogelwarte hervor, die 1936 offiziell als „Vogelwarte Hiddensee" anerkannt wurde (siehe Vogelzug).

Nach einer wissenschaftlichen Umprofilierung 1968 wurden die Biologische Station Hiddensee und die Vogelwarte Hiddensee von der Sektion Biologie der Ernst-Moritz-Arndt-Universität weitergeführt.

In den Jahren 1952 bis 1954 nahm auf dem Schwedenhagen in Kloster eine Bioklimatische Forschungsstelle der Humboldt-Universität Berlin unter Leitung des Physikers Wilhelm Eschke ihre wissenschaftliche Arbeit auf. Diese Einrichtung wurde 1955 an die Deutsche Akademie der

Wissenschaften als Außenstelle des Institutes für Strahlungsquellen, seit 1970 als Außenstelle des Zentralinstitutes für Elektronenphysik, übergeben. Eine weitere wissenschaftliche Einrichtung der Akademie der Wissenschaften entstand 1959 auf der Fährinsel, eine Außenstelle des Zentralinstitutes für Mikrobiologie und experimentelle Therapie.

Im September 1992 wurde das Institut für Ökologie an der Ernst-Moritz-Arndt-Universität Greifswald auf dem Schwedenhagen in Kloster begründet. Dieses Ökologie-Institut soll künftig der Lehre und Forschung gleichermaßen dienen. Ein Forschungsschwerpunkt wird der Austausch von Nähr- und Schadstoffen zwischen Boddengewässern und der offenen Ostsee sein.

Wittower Posthaus

An der Südspitze des Bug, einer langen schmalen Halbinsel von Wittow an der Westküste Rügens, lag die Siedlung Wittower Posthaus. Diese Gründung wurde erforderlich, als im Jahre 1685 ein regelmäßiger Postdienst zwischen Stralsund und Ystad in Schweden eingerichtet werden sollte, nachdem Vorpommern und Rügen bereits im Westfälischen Frieden 1648 der schwedischen Krone zugesprochen worden war.

Wittower Posthaus wurde eine Zwischenstation für die Postschiffe, die bei Sturm, Eisgang oder Niedrigwasser nicht zuverlässig den Hafen Stralsund erreichen konnten. Der in der Wittower Station amtierende Inspektor mußte in solchen Fällen Sorge dafür tragen, daß die Post und auch Fahrgäste notfalls auf dem Landweg über Rügen nach Stralsund geleitet wurden.

Als nach dem Wiener Kongreß 1815 die Schwedenzeit für Vorpommern endete, wurde die Schiffslinie von Preußen weitergeführt – seit 1822 mit modernen Dampfschiffen. Auch als die Postschiffe in Schweden statt Ystad dann Malmö anliefen, behielt das Wittower Posthaus seine Bedeutung.

Erst als 1897 die Postlinie zwischen Stralsund und Schweden eingestellt wurde, verlor die Poststation auf dem Bug ihre Aufgaben: Die Postinspekteure wurden nun durch Zollbeamte ersetzt, und die Steuerleute des Zollkreuzers bezogen die inzwischen erweiterte Siedlung, bis 1931 die Zollstation nach Hiddensee verlegt wurde.

Der Bug hatte in den folgenden Jahrzehnten eine wenig rühmliche Geschichte: Im zweiten Weltkrieg war hier ein „Fliegerhorst" der Naziwehrmacht stationiert, und später diente der Bug der Nationalen Volksarmee der DDR als Marinestützpunkt.

Seit 1990 ist die Südspitze des Bug Kernzone im Nationalpark Vorpommersche Boddenlandschaft.

Zeese

Bis in die sechziger Jahre hinein waren noch die rotbraun getakelten Zeesboote auf Hiddensee im Einsatz. Heute werden sie nur noch von Seglern als Sportboote genutzt.

Das Zeesen ist eine sehr alte Art des Fischens, die schon 1530 beschrieben wurde. Die Zeese ist ein Schleppnetz, das aus einem engmaschigen Netzsack mit Netzflügeln besteht. Zwei Kehlen (trichterförmige Netze mit kleiner Mittelöffnung) unterteilen den Netzsack in Kammern (Fächer). An den Netzflügeln sind lange Leinen angebracht, die an den Zeesenbäumen befestigt werden, die drei bis vier Meter über Bug und Heck des Zeesbootes hinausragen und so die Netzflügel weit auseinanderhalten.

Das Zeesboot treibt nach dem Ausbringen der Zeese quer über eine Breitseite und schleppt dabei die Zeese über den Grund des Gewässers. Ist eine „Drift" beendet, z. B. quer über den Bodden, so wird die Zeese mit Hilfe der Leinen eingeholt, die Verschnürung der hinteren Kammer des Netzsackes gelöst und der Fang ins Boot entleert.

Die Inselkirche in Kloster besitzt seit 1993 ein neues Votivschiff: ein Zeesboot, das nach den originalen Bauzeichnungen eines Bootes aus Schaprode/Rügen (Baujahr 1892) gefertigt wurde.

Zisterzienserkloster

Der gewaltige Bau des Zisterzienserklosters Hiddensee erhob sich im Zeitraum von 1296 bis 1536 dort, wo sich heute der Ort Kloser erstreckt.

Am 13. April 1296 schenkte der Fürst von Rügen, Wizlaw II., die gesamte Insel Hiddensee dem Zisterzienserkloster Neuenkamp, das bereits 1231 im Gebiet der heutigen Kleinstadt Franzburg gegründet worden war. Von hier aus wurde 1296 mit dem Bau der Tochterniederlassung begonnen. Dieses Mönchskloster wurde dem Heiligen Nicolaus gewidmet, dem Schutzpatron der Seeleute. In alten Urkunden ist von der „Abtei des hl. Nicolaus" oder vom „Nikolaikamp" die Rede, sehr bald aber berichtet man allgemein vom „Kloster Hiddensee".

Nachdem schon 1298 der Konvent in das Kloster eingezogen war, baute das Kloster im Jahre 1302 auf dem Gellen, dem südlichen Teil der Insel, die sogenannte Gellenkirche. 1306 kam im Einvernehmen mit der Stadt Stralsund ein Leuchtfeuer, die „Luchte", an der Südspitze der Insel hinzu (siehe Gellenkirche und Luchte).

Das einzige heute noch sichtbare Zeugnis aus der Klosterzeit ist die Inselkirche in Kloster. Diese Kirche, „vor dem Klostertore" errichtet, wurde 1332 geweiht und war den auf der Insel lebenden Fischern und Bauern mit ihren Familien vorbehalten (siehe Kirche).

Bei dem 1991/1992 restaurierten „Klostertorbogen" und den Mauerresten aus Feld- und Backsteinen handelt es sich „nur" um einen Nachbau aus der Zeit um 1750, als die Insel Hiddensee Eigentum des Stralsunder Kaufmanns und Fabrikanten Kammerrat Giese war (siehe Giese, J. U.). Karl Ebbinghaus, selbst an Ausgrabungen im Gelände des Klosters in den Jahren 1954/55 und 1960/61 maßgeblich beteiligt, schreibt im Grabungsbericht 1960/61: „Im übrigen sei hier abschließend erwähnt, daß nach dem Ergebnis der Grabung 1959/60/61 die sogenannte ‚Klostermauer' und das ‚Klostertor' keine erhalten gebliebenen Bauteile des ehemaligen Klosters sind. Tor und Mauer sind relativ jung . . . und stehen dort, wo sich einst der Westtrakt des Klosters befand" (Ebbinghaus, K., 1969).

Die Ausgrabungen ermöglichten eine fast vollständige Rekonstruktion des Fundamentverlaufes der Klosteranlage.

Das Klostergebäude stand dort, wo sich heute das Grundstück des Hotels „Hitthim", die Gärtnerei und der ehemalige Gutshof befinden. Im Süden verlief die Klostermauer dicht am Bodden entlang – etwa vom heutigen Hotel „Dornbusch" zum Hafen.

Die Anwesenheit der etwa 20 bis 30 Mönche auf der Insel führte wiederholt zu Streitigkeiten mit der Inselbevölkerung, z. B. als die Mönche den Hiddenseern das sogenannte Strandrecht beschneiden wollten. Aber es wird auch berichtet: „. . . bei Rechtsstreitigkeiten übernahm das Kloster schon einmal die Anwaltschaft für einen Einheimischen" (Domrös, M., 1992). Neben den seelsorgerischen Aufgaben widmeten sich die Mönche besonders der Urbarmachung des Landes, denn sie lebten nicht auf Kosten der Inselbewohner, sondern ernährten sich selbst von ihrer Arbeit. Durch Feuersbrünste in den Jahren 1373 und 1389 erlitt das Kloster erheblichen Schaden.

Im Zuge der Reformation kam es auch auf Hiddensee zur Auflösung des Klosters. Die Verwaltung der Gebäude wurde 1536 dem Rentamt der Herzöge von Pommern-Wolgast und 1570 dem Rentamt Bergen/Rügen übertragen. „Noch vor 1600 begannen die Gebäude zu verfallen, der Dreißigjährige Krieg führte zu einer weitgehenden Zerstörung, und der Rest wurde dann nach und nach abgetragen, um anderweitig als Baumaterial Verwendung zu finden" (Ebbinghaus, K., 1989).

Quellen- und Literaturverzeichnis

- Archiv des Heimatmuseums Hiddensee
- Ausstellungskatalog: Käthe Loewenthal. Stadtmuseum München, Ignaz-Günther-Haus, 1992.
- Baade, Michael u. Stock, Wolf-Dietmar: Hiddensee. Insel der Fischer, Maler und Poeten. 1992.
- Domrös, Manfred: Kirchliche Stätten der Insel. 1992.
- Ebbinghaus, Karl: Die Hausmarken auf Hiddensee. In: Die Fischerkommünen auf Rügen und Hiddensee v. Reinhard Peesch. 1961.
- Ebbinghaus, Karl: Ausgrabungen im Gelände des Zisterzienserklosters auf Hiddensee. Periode 1954/55, Periode 1959, Periode 1960/61. In: Wiss. Zs. d. Ernst-Moritz-Arndt-Universität Greifswald, Jg. 1961 u. 1969.
- Ebbinghaus, Karl: Bericht über die Vermessungsarbeiten Gellenkirche und „Luchte" auf der Insel Hiddensee. In: Wiss. Zs. d. Ernst-Moritz-Arndt-Universität Greifswald, Jg. 1969.
- Ebbinghaus, Karl: Die alten Grabsteine auf dem Kirchhof der Insel Hiddensee. In: Balt. Studien. N. F. Bd. 65, 1979.
- Ebbinghaus, Karl: Hiddensee von A bis Z. Hiddensee 1987 u. 1989.
- Ebbinghaus, Karl: Hiddensee. Historie, Heimat, Humor. 1991.
- Ewe, Herbert: Hiddensee. 1983.
- Findeisen, Hans: Sagen, Märchen und Schwänke von der Insel Hiddensee. 1925.
- Grümbke, Johann Jacob: Streifzüge durch das Rügenland. 1805.
- Gustavs, Arnold: Die Insel Hiddensee. 1954.
- Haas, Alfred: Die Insel Hiddensee. 1896.
- Haas, Alfred: Rügensche Sagen. 6. Aufl., 1922.
- Jacob, Hans-Egon: Die Fährinsel bei Hiddensee – Geomorphologie und Genese. In: Petermanns Geogr. Mitt., Bd. 131, 1987.
- Jürgensohn, Arved: Hiddensee – das Capri von Pommern. 2. Aufl., 1924.
- Klafs, Gerhard, Jeschke, Lebrecht u. Schmidt, Harry: Dünenheide auf Hiddensee. Reihe „Naturschutzarbeit in Mecklenburg". 1975.
- Leick, Erich: Aus der Arbeit der Biologischen Forschungsanstalt. In: Pomm. Heimatpflege, Jg. 3, o. J.
- Paulsen, Paul: Der Goldschatz von Hiddensee. 1936.
- Reinhard, Heinrich: Küstenveränderungen und Küstenschutz der Insel Hiddensee. 1956.
- Reinicke, Rolf: Bernstein. Gold des Meeres. 1986.
- Rudolph, Wolfgang: Maritime Kultur der südlichen Ostseeküste. 1983.
- Sager, Günther: Naturgewalt Meer. 1972
- Segebrecht, Friedrich Wilhelm: Die Insel Hiddensee. 1912.
- Thümmel, Hans Georg: Gellenkirche und Kirche vor dem Klostertore. In: Balt. Studien, N. F. Bd. 73, 1987.
- Wackenroder, Ernst Heinrich: Altes und Neues Rügen. 1730.
- Zöllner, Johann Friedrich: Reise durch Pommern nach der Insel Rügen. 1797.

Alphabetische Stichwortübersicht

Autorin/Fotograf

Karin Blase

1935   in Seebad Ahlbeck geboren
       Studium Germanistik in Potsdam (Staatsexamen)
       Studium Bibliothekswissenschaft in Berlin (Diplom)
1957–62 Oberstufenlehrerin Bergen/Rügen
1962–74 Wiss. Bibliothekarin an der Universitätsbibliothek der Ernst-
       Moritz-Arndt-Universität Greifswald
1974–83 Vogelwarte Hiddensee
1983–87 Leiterin der Gerhart-Hauptmann-Gedenkstätte und des Hei-
       matmuseums Hiddensee
1987–92 Leiterin des Heimatmuseums Hiddensee
       Auf Hiddensee seit 1974.

Bernd Blase

1942   in Dohna geboren
       Studium der Biologie in Greifswald (Staatsexamen)
1956–77 Lehrer in Vitte/Hiddensee
1977–90 Zentralinstitut für Elektronenphysik, Außenstelle Hiddensee
seit 1990 Mitarbeiter beim Nationalpark Vorpommmersche Boddenland-
       schaft
       Auf Hiddensee seit 1965.

Hinweise für die Besucher

Wir bitten die Natur- und Wanderfreunde mitzuhelfen, daß sich in unserem Nationalpark die Natur nach ihren eigenen Gesetzen entwickeln kann:

– Benutzen Sie bitte nur die ausgewiesenen Wege!
– Lassen Sie Pflanzen, Tiere und Steine in ihrer natürlichen Umgebung!
– Nicht nur offenes Feuer, selbst das Rauchen bedeutet Brandgefahr in Wald und Heide!
– Beobachten Sie die Tiere bitte aus der Ferne. Jedes Aufscheuchen bedeutet für die Tiere eine Kraftvergeudung, behindert sie bei der Nahrungsaufnahme und kann bei vielen Vogelarten zu Brutverlusten führen.
– Bitte nehmen Sie Ihren Hund an die Leine und Ihren Abfall wieder mit nach Hause!
– Betreten Sie bitte nicht die besonders geschützten Kernzonen des Nationalparkes auf Hiddensee, den Neuen Bessin und die Südspitze des Gellen!
– Segeln und surfen Sie bitte nicht im Schilfgürtel und in Flachgewässern! Hier befinden sich Rast- und Brutplätze der Vögel und Laichgebiete der Fische.
– Bitte fahren Sie mit dem Fahrrad nur auf den befestigten Wegen! Eine Wanderung auf unserer kleinen Insel ist im Hochland des Dornbusch oder durch die Dünenheide viel erholsamer und erlebnisreicher.
– Hiddensee hat keinen Zeltplatz! Beachten Sie bitte, daß das Zelten und Biwakieren auf der Insel nicht gestattet ist.

Anreise

Schiffsverkehr zwischen Stralsund und Hiddensee (Neuendorf, Vitte, Kloster) und zwischen Schaprode/Rügen und Hiddensee (Neuendorf, Vitte, Kloster)
Auskünfte zum Fahrplan erteilt die „Weiße Flotte"
in Kloster, Tel. 03 83 00/ 210
in Vitte, Tel. 03 83 00/ 228
in Neuendorf, Tel. 03 83 00/ 344
in Stralsund, Tel. 03 83 1 / 268 116 / 117
Eine Schnellverbindung zur Insel ist durch Wassertaxen möglich.

Zimmervermittlung

Neben der direkten Buchung in Hotels und Pensionen ist die Zimmervermittlung der Gemeinde Insel Hiddensee bei der Reservierung von Unterkünften bei privaten Vermietern in allen Orten behilflich:
Touristinfo
Gemeindeverwaltung Insel Hiddensee
18565 Vitte
Tel. 03 83 00 / 642-26/-27/-28
Fax: 03 83 00 / 642/25

Gepäcktransport

Auf der Insel gibt es keinen organisierten Koffertransport. Die Anreisenden können jedoch unter mehreren Fuhrunternehmen wählen.

Camping

Auf der gesamten Insel Hiddensee ist Camping und Zelten nicht gestattet.

Fahrradverleih

In allen Orten ist das Entleihen von Fahrrädern bei privaten Anbietern möglich. Das Fahrradfahren ist nur auf den dafür vorgesehenen Wegen erlaubt. Die Deichanlagen und die Hügel- und Waldwege dürfen nicht befahren werden.

Ärzte

Arztpraxis in Vitte, Tel. 03 83 00/ 287
Zahnarztpraxis in Kloster, Tel. 03 83 00/ 375

Post

Poststellen befinden sich in Vitte und Kloster. Die einheitliche Postleitzahl für Hiddensee lautet 18565.

Sparkasse

Die Kreissparkasse Rügen hat eine Zweigstelle in Vitte (mit Geldautomat).

Kutschfahrten

In allen Orten werden von Fuhrunternehmen Kutschfahrten angeboten.

Museen

Gerhart-Hauptmann-Gedenkstätte in Kloster
Heimatmuseum der Insel Hiddensee in Kloster

Kulturelle Veranstaltungen

Vor allem in der Gerhart-Hauptmann-Gedenkstätte, im Heimatmuseum und in der Inselkirche finden zahlreiche Veranstaltungen statt. In Vitte gibt es ein Zeltkino.

Naturkundliche Führungen

Mitarbeiter des Nationalparkes Vorpommersche Boddenlandschaft und die Naturschutzgesellschaft Hiddensee & Boddenlandschaft laden zu Wanderungen in die landschaftlich schönsten Gebiete der Insel ein.